消失的胡同
——铅笔画中的北京风貌

Fading-away Hutong
——Pencil-drawing Beijing's Old Alleys

绘画 摄影：况晗　　撰文：陆元

学苑出版社

序

艺术风貌与个性特征的取得绝非易事，需要艺术家长期为此付出艰辛的劳动和大量的心血，才能创作出一批具有鲜明特色的佳作。况晗的铅笔画"留住胡同"系列，就是这样的佳作。

新中国成立以来，特别是改革开放三十年来，北京发生了巨大的变化。高楼大厦从胡同中拔地而起，许多我们熟悉的街景、门楼、四合院逐渐从人们的视线中消失。但几百年来形成的北京胡同风俗文化，并不因为社会转型期不可避免的变革而随风消逝，胡同曾经学子深情的目光，不但时时撞击着北京人的心灵，同时也吸引住了外来学子深情的目光，况晗就是其中的一个。从80年代末来到北京工作开始，作为一个画家，他对北京胡同的热爱，到了如醉如痴的程度。他用了近二十年的时间，"泡"在北京的胡同深处，"与推土机赛跑"，那些已不复存在的胡同，他的画，慰藉着人们对曾经的家园的留恋，也激发着人们对新生活的向往和追求。

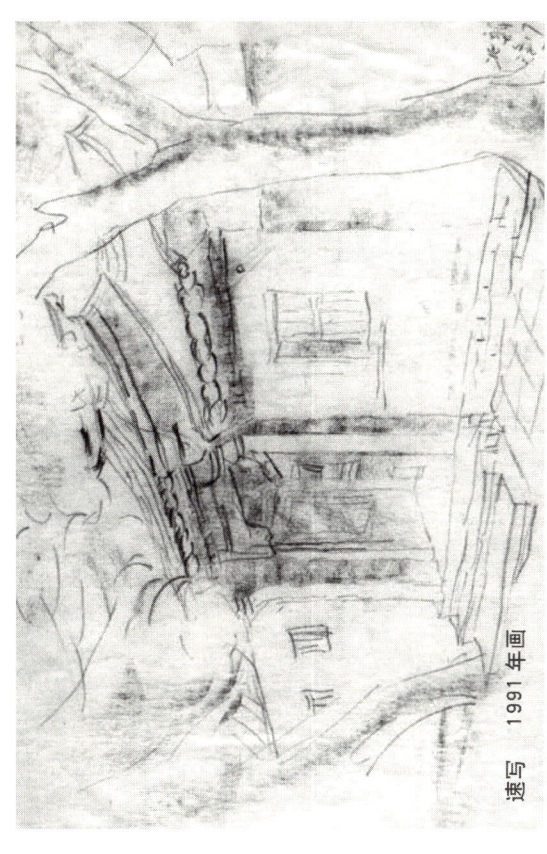

速写 1991 年画

况晗的铅笔画独具个性。铅笔画虽然没有夺目的色彩，但却有它独特的魅力，用单纯的黑、灰勾勒出沉淀了历史文化的胡同景象，能够更好地体现明暗的内涵和意境。他用笔考究，使扁宽的速写铅笔产生出不同的线条排列，来反映不同的质感和意境。他对素描的结构造型，色彩光感和色阶的把握非常准确，做到一笔到位成型，不涂不改；他吸收了中国水墨画的优良传统，浓淡相宜，又结合了西方写实画风，虚实交融。他在东方传统和西方艺术汇融中找到了一个适合自己的表现方式，画面上古老的胡同被赋予了清新之气和勃勃生机。

况晗的作品独具个人魅力，他用心灵把悠远的胡同和灿烂的胡同文化呈现给我们，令人耳目一新，过目难忘，得到诸多专家的大力称赞。

中国美术家协会分党组书记、常务副主席

2008年2月12日

速写 1991 年画

况晗的铅笔画

在当今中外画坛，以铅笔素描作为学习绘画及写生的基本手段已属于每个画家的必修课题了。其中有许多蜚声国际的实力派画家，其铅笔素描作品亦具有极高的水准和价值，可以独立地成为完美的作品并做人们珍藏及传世。但是，能把铅笔素描发展成为一个成熟的画种，不仅有独特的风格，而且有着高难度的技巧，达到这种成功的例子在国际画坛却非常罕见。

然而，偏偏在北京一个不太引人注意的美术岗位上，敬有着这样一位实力雄厚的画家，他数十年如一日地默默耕耘，凭着一支铅笔和虔诚的心，创造出铅笔画的一片新天地，成就了铅笔画领域闪闪发亮的一家。这位画家便是况晗先生。

早在多年前我就已注意到况晗先生，当时他以北京老胡同为题材，作品引起了广大艺术爱好者的关注和共鸣，他那独特的表现手法和富有情感的作品令我留下了深刻的印象。这些年来，我一直关注着他在艺术上的发展。由于北京的城市建设速度惊人，许多令他无比钟情的老胡同街道便在历史上消失了。一向对北京老胡同有独种的况晗先生，决心用自己的画笔留下这些北京老胡同的同貌，经过数年的奋斗，创作出一系列感人的铅笔画作品。在这些北京老胡同作品中，他不仅灌注了自己的深情厚意，重要的是他不断研究探索新的铅笔画表现手法，力透纸背的力度，富有韵律的节奏，虚实相应的变化，构成明快而层次丰富的画面。他的作品一方面有着严谨的造型和细致的深入刻画，但同时用笔却相当地概括及精练，没有多余及琐碎的笔触，令人欣赏其作品时如在朗读一首充满韵律和节奏感的诗，并感受到那种痛快淋漓尽致。事实上，况晗的铅笔画需要有极高的造型能力以及敏锐的观察力，同时需要有深厚的功力和强劲的臂力。这些综合修养才能渐渐形成自己的艺术风格和高难度技法。况晗达种执于寂寞而又进取不懈的艺术精神令人敬重，亦是他能取得成功的最重要的原因之一。

回顾中外美术史，凡是能为人类做出卓越贡献而能流芳百世的艺术家，他必须具备三项条件。其一能创造出独树而与众不同的艺术风格的作品；其二作品要有难以取代的高难度技巧以及能反映历史时代的审美和情感；其三画家须有甘于寂寞以及不断进取的探索精神。以我多年从事艺术推广的经验判断，况晗先生具备了以上的三项条件，因此我相信他一定能在中外画坛大放光芒，我同时相信为当代中国铅笔画领域感到欣喜和自豪，并深信他一定能为中国当代艺术做出杰出的历史性贡献。

经过多年筹备，一本名为《消失的胡同》的铅笔画作品集即将与广大读者见面了。这是况晗多年来艺术耕耘的成果，他以独特的艺术演绎手法和深厚的情感刻画出昔日北京老胡同的动人风采，以画笔留下了一段珍贵的历史。相信他的作品将感染千万的读者和观众，让大家共同分享昔日令人难以忘怀的回忆。在此，我谨对况晗先生表达衷心的祝贺和敬意，并以此为序。

云峰画苑董事长，国际收藏交流协会会长 郭浩满

2008年4月18日

在对比中看胡同变化
——读况晗的铅笔画

况晗的《消失的胡同》有以下三个特点：

一、在对比中看变化。他的立意极好，从同一个视角看，注意，一定是固定地从同一个视角去看，一边是十多年前的某个胡同，另一边是今日的同一个胡同，两者对比，一下子，胡同景观变成了动态的，把时代的脚步同步描绘了出来。这是此本图集不同于别的胡同图集的特点，很了不起。大家知道，北京在最近十多年发生了天翻地覆的变化，城市历历掀开了新的一页，为全世界所瞩目，记录这件事便成了一代文化人的好选题。有识之士纷纷拿起了相机，或者画笔，积累资料。况晗动手早，始自1990年，距今差不多已有十七八年了，又画又摄，起码拍了一万张照片，有的胡同先后去了十几次。他本是学画的，除了相机，还带着画笔去实地写生，一开始是画水彩，后来是用宽铅笔画。摘者摘着，时间一长，嗨，有了一个绝妙的主意，把最开始拍的胡同的照片和最后拍的胡同摄影画画并列放在一起，一看，已不是绝妙的对比，胡同的变化一目了然了。这就让况晗的图册有了重大的史料价值。不用说过多的话，一定会受到热烈欢迎。

二、是艺术品。摄影和摄像当然是艺术品，绘画更是艺术品。相比之下，后者是有更多创作元素的艺术，难度和自由度都更大，效果也更突出。况晗的作品属于后者，它是属于有相当艺术价值的图册，史料之外，又多了一层美学欣赏价值，分量大不相同。

三、宽笔铅笔画是一种新画种。宽笔铅笔画可以说是况晗的发明，此前仅有个别外国人拿来做速写，真正当一种正规的艺术创作手段的还没有。况晗摸索了很久，终成气候。这种宽笔铅笔画讲究笔触，一笔一笔，不可涂抹，颇像中国画，中国书法，木刻和水彩。画时手臂必须很用劲，画纸上会留下一个凹沟，摸起来颇有立体的质感。这种画吃功夫，不大的一张画，要耗时整整七至十天。况晗是个壮汉，一部部是一部身心投入的力作了。画一场，必精疲力之大。如此看来，这部画集可算是一部用水墨画作呢，感觉很好，很美。可见宽笔铅笔画一点都不一样，猛一看，还以为是水墨画呢，感觉很好，很美。

有此三点，应该向况晗表示祝贺，为一部有价值、有品味、有情趣的图册。

舒乙
2008年1月1日

全国政协委员、中国现代文学馆研究员

速写 1992年画

一支铅笔留住胡同

随着北京老城区现代化建设的加速,画家况晗倾全心创作的铅笔素描的胡同风景画越显示足珍贵的价值。

胡同是北京建筑、环境、文化的鲜明特色。在北京建筑的原生态中,承载着无数人悲欢故事的四合院就排列在数不清的胡同中。一代代北京人在胡同和四合院里走进走出,形成了独特的生存方式,从元代以来,积淀了深厚的文化证据,历史年轮就不见了。这是不能再生、无价财富。

15年前,况晗意识到胡同文化可能会走向消亡的边沿。况晗热爱古都,热爱胡同,他背着相机,画夹,一条条胡同串,用铅笔,用绘画的的形象。况晗开始不断锐减的胡同形象。况晗也加快了速度,他抢拍了5000多幅胡同照片,现在,照片中的很多胡同已经被钢筋玻璃大厦所取代,而成为画中永久价值的记忆。况晗拍的照片今天成了珍品,他的铅笔素描胡同风景画更成了具有史实价值的稀有艺术品。从城市文化原生态保护的角度看况晗的绘画艺术,他把胡同保存在绘画中,用铅笔刻录了城市的意义,他把胡同保存在绘画中,还有文化抢救的意义。

沉醉着铝笔在画纸上与胡同交流的15年里,在追求绘画艺术的道路上,达到了很高的境界。他不是一个简单的纪实风景画家,在艺术思想的表达,艺术形式,艺术语言,表现技巧,都有很深的探索和成就。况晗开始确立自己的画主题和风格的时候,特别注重把握历史原貌,建筑的精神内涵,环境气氛的真实,绝不流于外在形式的简单构建。近年来,华侨细目的色彩染满了城市的空间和人们的视觉,铝笔画却成了稀少画种。况晗却选择用铝笔画出自己的色彩夺目,但有自己纯粹,雅致,静谧、高洁的独特魅力。铝笔朴素的线条,稳重厚实的灰色调,更适合表现在老北京胡同的独特韵味和气质,铝笔手中同握着粗细两支铅笔,画出的北京胡同的质感,画出老槐树的光阴,画出砖石多年风化的斑驳,画出胡同年轮,画面片残墙斑驳里的故事。因此,况晗的画文化含量很充沛,风格基础很坚实,画面有整体的气势和精神的满足。

况晗的艺术观察非常细微,他笔下的景物都是沉默的老屋和平淡无奇的木窗石阶,人们对这些景物早已漠然了,但在况晗的画中,它们都变成了视觉的艺术情节。况晗对景物细节的刻画非常深入,肯定,精确,丰富而不琐碎,用宽画面铅笔画画,他艺术表现技巧的高超和纯熟,用宽画面铅笔触的排列和方向,丰富的姿态和运动受到很大限制。况晗的画法是因特别讲究笔触的排列,要求把握色阶的变化但难推确的排列方向,在极其丰富的灰调手中,不允许凌乱和随意涂,况晗很好地解决了两个难于处理的关系,一个是细部深入刻画的精准,一个是艺术表达的松弛,活跃的矛盾,由此可见,况晗在绘画方法和技巧上研究的深度和取得的成就,而达正是今天被很多画家所忽视的。

从细部到整体每一个层次的优雅秩序感,是况晗美学观的一个重要部分,这种秩序感,深深感动了观众。他创造的达种秩序,专注于一砖一瓦、一枝一叶——最细节的精心描绘和有秩序的组合。从未放过有价值的细节。这些细节在况晗绘画中总能给人极其丰富的视觉信息含量,更善于运用这些信息。况晗构成了极其丰富的视觉信息含量。

在况晗的近作中,表现了他善于处理多与少,疏与密,虚与实的艺术素养,建筑的思考,品味的空间,画面更强调明暗,层次,主观化,笔触排列的秩序感和节奏感。

在况晗的近作中,品味更大,视觉更强烈,艺术表现更主观化,笔触排列的秩序感和节奏感。况晗的画自信了,令人看到他艺术探索的新天地,借况晗新画集出版,把多年来看他的作品之美,真实感受与在这里,是为序。

中国美术家协会会员、北京美术家协会中国画艺术委员会秘书长 李耀林

2006年11月3日

画山水 意在笔先 趣在法外

靳尚谊 2008

中国文联副主席、中国美术家协会主席 靳尚谊先生题词

创造尚北京美术馆

詹建俊 二〇〇八年七月

中国油画家协会主席 詹建俊先生题词

未处理的像浮雕一样的画面

目 录

南豆芽胡同	3
前拐棒胡同	5
墨河胡同	7
仓南二巷	9
吉兆胡同	11
朝阳门南小街	13
南竹杆胡同	15
东总布胡同	16
顶银胡同	19
东四四条	21
东四六条	23
东四十条	25
东四十二条	27
东四十三条	29
东四十四条	31
魏家胡同	33
礼士胡同	35
报房胡同	37
史家胡同	39
冶国胡同	41
麻线胡同	43
苏州胡同	45
东受禄街	47
北池子大街	49
银闸胡同	51
菖蒲河沿	53
吉安所左巷	55
吉安所北巷	57
西颂年胡同	59
北弓匠营胡同	61
北新仓二巷	63
北沟沿胡同	65
东直门内大街	66
东手帕胡同	68
东羊管胡同	71
明亮胡同	73
香饵胡同	75
文丞相胡同	77
东棉花胡同	79
花园北巷	81
灵光胡同	83
国子监街	85
鼓楼东大街	86
南锣鼓巷	89
豆腐池胡同	91
张旺胡同	93
国旺胡同	95
北锣鼓巷	97
鼓楼西大街	99
铸钟胡同	101
烟袋斜街	103
小石碑胡同	109
银锭桥	111
前海东沿	113
万宁桥	115
鸦儿胡同	117
小翔凤胡同	119
毡子胡同	121
恭王府	123
西四北三条	125
东冠英胡同	127
翠花街	129
东廊下胡同	131
白塔寺东夹道	133
宏茂胡同	135
秀洁胡同	137
东安福胡同	139
新壁街	141
西旧帘子胡同	143
皮库胡同	144
恭俭胡同	147
景山前街	149
崇文门外铁路工棚	150
花市上头条	153
花市上三条	155
花市上四条	157
东河槽胡同	159
东打磨厂街	161
鉴庆胡同	163
西兴隆街	165
河泊厂西街	167
珠市口东大街	168
西晓市街	171
小江胡同	173
煤市街	175
塔英胡同	177
大力胡同	179
陕西巷	181
韩家胡同	183
大百顺胡同	185
留学路	187
琉璃厂西街	189
东北园胡同	191
南柳巷	193
前孙公园胡同	195
潘家胡同	197
抄手胡同	199
校场二条	201
校场五条	203
车子营胡同	205
南半截胡同	207
烂缦胡同	209
七井胡同	211
法源寺前街	213
沙栏胡同	215
牛街六条	216
北京城市历史沿革	219
附：辽金元明北京都城变迁图	
用铅笔和推土机赛跑	221
附：北京部分城区胡同位置图 ❸❺	
胡同所在页码与位置图上的数字 ❸❺……对应	

消失的胡同——铅笔画中的北京风貌

南豆芽胡同

南豆芽胡同，位于北京市东城区朝阳门内大街北侧。明代属思诚坊管界，清代属正白旗辖区。

南豆芽胡同旧称南豆芽菜胡同。据清末《光绪顺天府志》记述，南豆芽菜胡同。南豆芽胡同，豆瓣胡同，豆身胡同（1750年）的《京师全图》标注，这一带还有中豆芽菜胡同，豆须胡同，豆嘴胡同。

这么多的胡同名称都与"豆"有关，因此有人推测这一带早年应有多家生产豆腐和豆芽的作坊，也有人说是因胡同一端弯曲，状似豆芽。不过对北京旧胡同名称的理解往往不可望文生义，例如北京曾有十条称以"口袋"命名的胡同，那是形容胡同的人口窄而内部宽，或是胡同有人口而无出口，状似口袋，与装东西的口袋并不直接关联。

作家金庸曾将南豆芽胡同写人武侠小说《鹿鼎记》。小说第十三回写道：天地会青木堂香主小宝，接到了由云南来到北京的反清首领冰剑亭的请帖，"请天地会青木堂香主小宝，今晚南豆芽胡同会众位英雄同去赴宴，就是今晚南豆芽胡同。"《鹿鼎记》所述故事的时代背景是清朝康熙年间，那时北京内城是人旗官兵及其家属的地盘，不许汉人居住，即便是人旗汉人高官也要

住到宣武门外等外城地区，并且胡同口都没有栅栏，每座栅栏布置3名步军兵丁站岗盘查行人。朝阳门内的南豆芽胡同属正白旗辖区，故事情节将反清人士的聚会安排在此处，其实是不合清理的。

南豆芽胡同如今已被拆除，旧址上建起了办公大楼，原有的建筑物仅留下原在南豆芽胡同15号的一座古清真寺。这座古清真寺相传始建于元代，曾于清代嘉庆年间重修，2003年再次改建重修。这座清真寺的刘敬明阿訇旧存有一部古代手抄本《古兰经》，经文物部门鉴定是明代古本。2001年刘阿訇去世后，家属将这部《古兰经》捐赠给北京东四清真寺收藏。

南豆芽胡同今貌　2007年10月

作品取材于2001年10月　尺寸：84×56厘米

消失的胡同——铅笔画中的北京风貌

前拐棒胡同

前拐棒胡同，位于北京市东城区朝阳门内大街南侧，明代属思诚坊管界，清代属镶白旗辖区。明代嘉靖时期的《京师五城坊巷胡同集》（此二字今简写为胡同，下文凡提及此书名，均改用简写与集）已记有拐棒胡同，北京人所说的"拐棒"，是指带有曲尺形头的大腿骨，此胡同因有曲尺状类似的分支，状如拐棒而得名。清《京师坊巷志稿》将胡同主体与曲尺状分支分列为前拐棒胡同和后拐棒胡同。

早在明代即已存在的前拐棒胡同，留下来的门楼原本不多，但保存完好的却不多见，有些颇具气势的老门楼，却被装上了新式的门窗，有这座掩映于老树浓阴之下的大门楼，条石台阶，坡陡堆阔，抱鼓石，腿板，门簪一应俱全，可惜四个门簪缺了一个。从形制看，此门楼属于第一等级"广亮大门"样式，和第二等级"金柱大门"之下的"蛮子门"样式。清初，清军较为顺利地征服了北方地域，却在南方遭遇到激烈的抵抗，因此清人将南方人贬称为"南蛮子"。蛮子门的特点是将门安装在南方檐立柱处，关门之后会将门道完全关闭在门窗以

前拐棒胡同3号院一角 2007年11月

里。这座门楼虽然很高大，但形制属小狮子，抱鼓石上也没有浮雕小狮子，因此它当年的主人可能是不做官的富人。

古语说"富不过三代"，不知这座宅门当年的主人富可几代，从门道侧壁上横七竖八安装的电线电表可以看出，此院也已沦为大杂院。因为危房改造拆迁，现在的前拐棒胡同长度缩短了不少，许多大杂院已经消失，有不少原来的住户已经乔迁到新建的大楼。现存的这座夹缝之间，如今独自矗立于高楼林立的夹缝之间，似在向行人倾诉着当年曾经有过的富丽与奢华。

作品取材于2001年9月 尺寸：55×84厘米

消失的胡同——铅笔画中的北京风貌

墨河胡同

墨河胡同，位于北京市东城区朝阳门门北小街东侧。明代属思诚坊营界，清代属正白旗辖区。

墨河胡同旧称紧邻墨盒胡同，在清代紧邻着南新仓、富新仓等粮食仓库。相传住在这里的守库旗兵的家属，为了贴补家用曾制造墨盒出售，因此得名为"墨盒"。此说难以确证，然于情理有合。清代的旗人虽由官府发放钱粮，称之为"铁杆庄稼"，但是普通旗兵居家度日却颇艰辛。一个朝官话说，"披甲人等，钱粮尚须瞻养身家，兼备盔甲，器械，鞍马，帐房"，可见旗兵还要自筹装备。尤其为正红旗年人后代的满族作家老舍先生，在带有自传性的小说《正红旗下》中描述其为翔实。

古人写字使用砚台。据编纂于1938年的《北京市志稿·文教志》记述，墨盒流行大约始于清代嘉庆、道光年间，"科举时代，举子人场，取携，遂无用砚者，北京墨盒之制，有白铜、黄铜三种。白铜制者最佳，其特异之点，在合口之适度，开合随意，无紧松不灵之病，且边角净成，不露痕迹，为各地所不能及者。至于表

墨河胡同今貌 2007年10月

面之雕观与否，则视书画及雕刻之工如何"，又说"京师厂肆（厂肆指琉璃厂的店铺）专业墨盒者，推万礼斋为最先，刻字陈寅生雕刻的白铜墨盒，售价高达上万元。

对于墨河胡同名称另有一种说法，"墨河"意为"异味"，"胡同"意为"井"，这条胡同因有前墨河胡同、后墨河胡同之分。在民国时期曾称为前墨河胡同、后墨河胡同，1965年北京整顿地名时统一为墨河胡同。

大雪中的墨河胡同，屋顶墙角，门楼表卓，落叶树木，到处都披白雪覆盖，使原本色调灰暗的老宅旧房变得敞亮明快。

墨河胡同现已被拆除，在旧址上建起了仓南住宅小区。

作品取材于1997年1月 尺寸：83.5×56厘米

消失的胡同——铅笔画中的北京风貌

仓南二巷

仓南二巷，位于北京市东城区朝阳门北小街东侧。明代属思诚坊管界，清代属正白旗辖区。

明、清时期，在北京内城东部的朝阳门内至东直门内一带，分布有多处大型粮食仓库。运粮漕船经过京杭大运河，将南方出产的粮食运到北京东郊的通州以后，转载到小船上沿着通惠河向西行驶，抵达北京外城东便门以下的大通桥码头，再使用马牛转运至内城东部的各处粮仓。清代管理财政的户部设有"副部长级"的总督仓场侍郎，由满汉官员各一名担任，驻守在通州管理粮食转运和仓储事务。在大通桥码头，也设有大通桥监督，由满汉官员各一名担任，掌管粮食陆路运输。

仓南二巷旧称后井胡同，1965年北京整顿地名时，因东邻仓南胡同而改称仓南二巷。仓南二巷北侧原有一个平面为四方形的高墙大院，大院内设有富新仓、兴平仓、旧太仓、南新仓4座粮食仓库，这4座粮仓在大院四周各自开辟有专用大门，因此在这一带留下了北门仓胡同、南门仓胡同、仓南胡同、仓南一巷、东门仓胡同、南门仓胡同等许多名称涉及粮仓的胡同，旧称"厚石道胡同"，因道路铺设这里的石道胡同。

仓南二巷今貌　2007年10月

重的石板以供运粮车辆通行而得名。

清代官制，管理粮仓的官员称为监督。纪晓岚在《阅微草堂笔记》中写道，其父纪容舒公任职南新仓监督时，有一座仓廒的石墙忽然倒塌，清理渣土时发现墙下砸死一大窝老鼠，最大的老鼠巨大如猫，原来是老鼠在墙下做窝，鼠洞渐大，终于挖空墙角，墙倒鼠亡。

仓南新仓如今在东四十条大街路南，还遗留有当年仓的数座储粮仓厫，以前曾作为百货公司的仓库多年，现已开辟为文化艺术展览场所，而仓南二巷一带，则成为高楼林立的新街区。

作品取材于1997年12月　尺寸：83.5×56厘米

消失的胡同——铅笔画中的北京风貌

吉兆胡同

吉兆胡同，位于北京市东城区朝阳门北小街东侧。明代属思诚坊管界，清代属正白旗辖区。

吉兆胡同，旧称鸡爪胡同，见于清《京师坊巷志稿》记载。胡同因有分支，状似鸡爪而得名。北京人读"鸡爪"音为"鸡找"，因此又讹称为"鸡罩"胡同，鸡罩即鸡笼。

相传1924年至1926年，段祺瑞出任临时执政居住在鸡罩胡同期间，认为胡同名称不雅，故改为吉兆胡同。其实段祺瑞当时的府邸并不在吉兆胡同，而是在吉兆胡同里面的仓南胡同。据历史地理学家侯仁之主编的《北京历史地图集》标注，在段祺瑞入住之前的清末宣统年间，此处已有吉兆胡同称谓。不过当年段祺瑞要去往铁狮子胡同执政府（今张自忠路3号院）时，必经朝阳门北小街，而要从仓南胡同来到朝阳门北小街上，则必经吉兆胡同。

鲁迅曾将吉兆胡同写入小说《伤逝》。在小说里，史涓生为了和子君租房同居，"看了二十多

处，这才得到可以暂且敷衍的处所，是吉兆胡同一所小院里的两间南屋。"小说里提到史涓生和子君住在吉兆胡同期间，到庙会买了一只名叫"阿随"的花白色叭儿狗。旧时距离吉兆胡同最近的庙会，当属东四路口西边的隆福寺庙会了。

吉兆胡同在扩建朝阳门北小街工程时已被拆除，原址一带建成了南弓匠营住宅小区及东四奥林匹克社区体育文化中心。

吉兆胡同今貌　2007年10月

作品取材于2001年12月　尺寸：84×56厘米

消失的胡同——铅笔画中的北京风貌

朝阳门南小街

朝阳门南小街，位于北京市东城区朝阳门内大街南侧，明代地跨思诚坊、黄华坊、明时坊，清代属镶白旗辖区。

朝阳门南小街自总布胡同南口以南路段旧称朝阳门南小街。1965年打通联结这是一条古老的街道，两侧排列的许多胡同，清时期即已存在，如勾栏胡同（今外交部街）、新鲜胡同、石大人胡同（今外交部街）、新鲜胡同、禄米仓胡同等。

"勾栏"为妓院古称，勾栏胡同在元、明时期曾为"红灯区"。明嘉靖皇帝迷信"二龙不相见"的说法，既不立二子为太子，也不许在皇宫居住，只是封为裕王，住到宫外的王府。裕王曾到勾栏胡同游逛，当他30多岁上仍见不到皇位继承之日，想吃果仁饼，太监竟做花账要报销上千两银子。他反驳说："此饼只需银五钱，何用多金那"？"堂子"亦为妓院旧称，清咸丰四年（1854年），因镇压太平天国所需军费匮乏，东堂子胡同的大学士柏葰尚书府邸被占用来开办铁钱局，铸造铁钱。清朝向来以天朝自居，不屑与列国发展外交关系，遭英法联军凌略之后，又不得不与外国交涉，遂于咸丰十一年（1861年）在铁钱局设立总理各国事务衙门。

1900年八国联军入侵，次年缔结《辛丑条约》时，列强迫使清廷取消"总理各国事务衙门"这样位居高临下的衙门，改称为"外务部"，并且要位居原有六部之上，以示外交事务要优先于清朝国内事务。

清末，为接待德国贵宾来访，外务部在邻的石大人胡同建造了豪华的洋式迎宾馆。袁世凯利用袁世凯的总统府就设在迎宾馆。1911年辛亥革命，起用前外务部尚书徐世昌出任内阁总理大臣，袁世凯在迎宾馆就任中华民国第二任临时大总统。袁世凯将总统府迁往中南海后，外交部设于迎宾馆内。台湾作家李敖少年时曾在新鲜胡同小学读书。

新鲜胡同名称在明代即已存在，现在的新鲜胡同小学校址，在明代曾是徐达爵邸的祠堂。

芳嘉园，旧称方家园，以住过慈禧太后的娘家人而闻名。清朝规定，皇后的父亲可以封为承恩公。慈禧没有当过皇后，但她当上皇太后之后，死去的祖上三代都封为承恩公，并由大弟照祥承袭爵位。后来慈禧二弟桂祥因女儿做了光绪帝的皇后，又被加封一个承恩公爵位。方家园被人们称为"凤凰窝"，"大清国早晚要败于方家园"。慈禧太后统治的恭亲王曾有一句名言，"凤凰窝"。

禄米仓，是清代"京通十三仓"之一，现在胡同里还遗留有数座昔日的仓廒。

朝阳门南小街今貌，在漫长的朝阳门南小街上，每一步都有说不完的故事。

朝阳门南小街今貌 2008年1月

作品取材于2001年1月 尺寸：84×56厘米

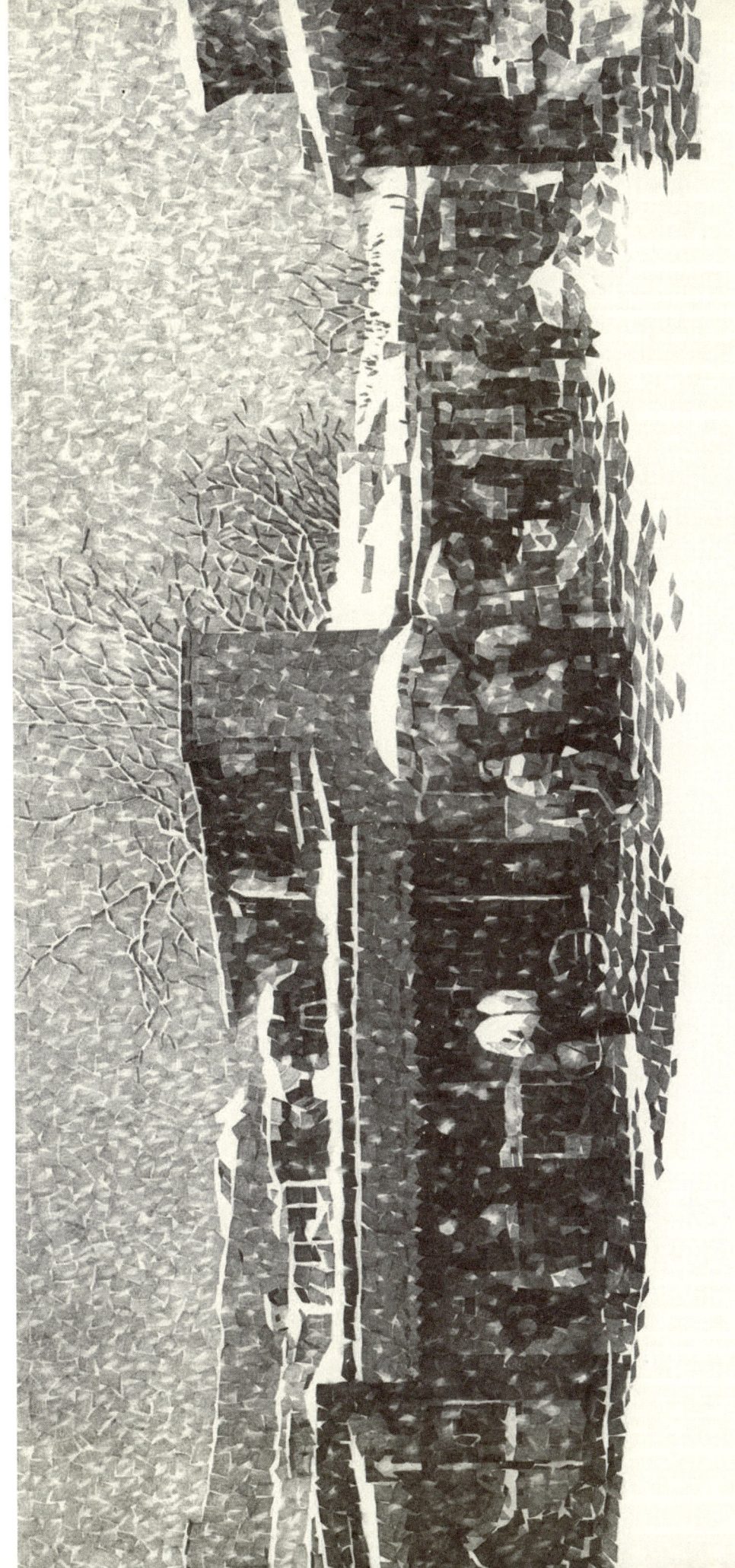

消失的胡同——铅笔画中的北京风貌

南竹杆胡同

南竹杆胡同，位于北京市东城区朝阳门南小街东侧，明代属思诚坊管界，清代属镶白旗辖区。

在这里自北向南排列有三条名叫"竹杆"的胡同，依次是北竹杆胡同，竹杆胡同，南竹杆胡同。居中的竹杆胡同，据《京师五城坊巷胡同集》记述，在明代称为"铸锅巷"，或许那时的此巷曾有铸造铁锅的作坊，到清代铸锅巷依谐音改称"竹杆巷"，后来又演变为竹杆胡同。

北竹杆胡同，明代旧称"把台大人胡同"，清代改称"大人胡同"。相传"把台大人胡同"的名称，源于明代在此胡同住过的一位叫"把台"的官员。《明史》的《金忠列传》和《蒋信列传》记述，金忠，原名"也先土干"，是蒙古部族的王子，明成祖永乐二十一年（1423年），是也先土干与蒋信，授子也先土干汉名"金忠"，封为忠勇王。明成祖于永乐二十二年亲征漠北时，也先土干随领姜儿和部归顺。勇王，授予把台都督佥事职，此后金忠多次随明成祖出征。明宣宗宣德三年（1428年）率军亲征蒙古兀良哈部时，金忠和外甥把台乘机逃去，造成敌人，有官员担心二人会乘机叛逃。明宣宗信任敌人，他说逃与不逃都随他去，结果金忠立不缺少这两个人，何必过虑。明宣宗加封金忠为正一品太保职衔，赐功而远，明宣宗加封金忠为正一品太保职衔，赐

子把台台汉名"蒋信"。明英宗于正统十四年（1449年）率军亲征蒙古瓦刺部族时，在怀来县土木堡兵败被俘，当时蒋信自己是蒙古族的人，在瓦刺部族的营盘里保护了明英宗。一年以后，明英宗与蒋信扶释回京。蒋信官复原职，死后由儿子继承了爵位。蒋信担任的都督佥事，是五军都督府里的正二品官职，也称得起是一位"大人"，当年征把台大人胡同里居住的，可能就是这位"大人"。蒋信，因为在明代的北京城里，不可能有太多同名的蒙古族"把台大人"。

南竹杆胡同东段原称"林驸马胡同"。查阅《明史·公主列传》，明代仅有一位驸马姓林，是南京人林岳，他娶了明宪宗的第三女德清公主。林岳做驸马23年后去世，德清公主又孀居31年后才去世。林驸马胡同，当是因林岳居住而得名。

1965年北京整顿胡同名称时，以竹杆胡同为坐标，将北边原的老君堂胡同改称为北竹杆胡同，将南边的大人胡同和林驸马胡同合称为南竹杆胡同。

南竹杆胡同今貌　2007年11月

作品取材于2001年12月　尺寸：84×55厘米

东总布胡同

东总布胡同,位于北京市东城区朝阳门南小街东侧。明代属明时坊管界,清代属镶白旗辖区,以朝阳门南小街路口为界,划分东总布和西总布两条胡同,然而在清初及明代,东总布和西总布是同一条胡同,称为"总布胡同"。

清末、民国时期的基层行政机构,若干铺之上设有"总铺"。元代杂剧《张生煮海》说的是书生张羽和小龙女的一段恋情,剧中有一句合词,张羽让书童向小龙女的丫环打听小龙女的住处,丫环答道:"你去那羊市角头砖塔胡同总铺门前来寻我。"羊市角头的砖塔胡同至今仍在,直到1965年以前还叫羊市大街,即现在西四南大街,路口西南角是砖塔胡同,路口西北角是羊市角头,今为西四西南十字路口。张羽对小龙女一见钟情紧追不舍,在古代是属于"勾引女性"的违法行为,丫环叫他们去管理治安的"总铺"门前自投罗网,是一种故意调侃的玩笑话。

明代万历年间曾任顺天府(今北京)宛平县县令的沈榜,在所著《宛署杂记》"街道"条目下记载,城里的路称"街道",又说,城里的地方可以"坊"为"牌",每个"牌"设若干"铺",每个"铺"设若干位,乡村的路称"街道",合称为"街道"。明时代"京师五城坊巷胡同集"记述,"明时的坊",西,四牌二十六铺,42个铺。

《光绪顺天府志》记述,明孝宗皇帝在位时曾经给官,京官早晨上朝,白天坐衙,只能在夜间与同僚同乡聚会饮酒,若使夜间饮酒归,何处觅灯烛?今后火夫们每晚还要携带灯笼传送。"此后火夫每晚还要携带灯笼、过路官员,"虽风雪寒凛之夕,夜半呼灯,老北京有许多名叫"取灯"的胡同,可能就是明代各铺给过路官员提供灯火的地方。

南起大明门,两翼经现在的东、西皇城根街,北至地安门(明代称北安门)大街的东、西雁翅楼至东、西黄瓦门,两翼经现在地安门大街和阙右门的阙左门和阙右门,合在于皇宫午门前方的阙中门、内皇城门,明末太监刘若愚所著《酌中志》记述,西翼有西上北门、西上中门、西上南门,东翼有东上北门、东上中门、东上南门。如今在地安门内大街两侧,仍可见到内皇城的红墙遗迹,如今在地安门内大学堂西斋胡同院内,环绕内皇城的红墙旧址,内皇城的铺称为"内红铺",环绕外皇城的铺称为"外红铺",由军队防守。民居坊巷里的铺称为"白铺",白铺坊的交界线上,守铺者就要给好邻在红铺,白铺的交界,尺寸丈量死户以分清责任,倒在哪边就由哪边负责处理。

《宛署杂记》还说,白铺的总府,环绕外皇城设有72个"外红铺",照例由本地居民轮流充当,等同民位,照例由本地居民充当,薄的补助,但是那些皇亲贵戚官员的家属明代各铺给过路官员提供灯火的地方。出官差的特权,居民百姓又不愿充当出官差的,明代环绕紫禁城建有内外两道皇城:外皇城

作品取材于1995年7月　尺寸：116×20厘米

累还要得罪人的差事，官府无奈只好招收一些流氓无赖顶上岗。那些流氓无赖"遂不复知人间有羞耻事，苟可蛰搏(勒索)，无所顾忌"。若有调解纠纷则收酒饭钱，若押送人犯则收鞋脚钱，若有违章建筑则收瞒报钱，若有买卖房屋需要铺保公证则拿签字钱，年底还要居民分摊过年钱。历任县官都拿这地痞无赖没有办法，只要他们能支应官府的差事，也只好视而不见。

1900年6月20日，总布胡同西口发生了打死德国公使克林德事件。前一日，清朝总理各国事务衙门照会东交民巷各国使馆，要求各国公使限期24小时离开北京。6月20日晨，德国公使克林德乘轿去东堂子胡同找总理各国事务衙门交涉，走到总布胡同西口，被清军神机营火枪队长恩海击毙。八国联军占领北京之后，将恩海抓获处死于克林德毙命之处。并强迫清朝在总布胡同西大街上建造了一座石雕跨街牌坊，匾额题名为"克林德碑"，牌坊上面还用多种文字镌刻了光绪皇帝的道歉书。1918年第一次世界大战结束，德国战败，中国是对德宣战的战胜国之一，"克林德碑"石雕牌坊被拆除，移至中央公园(今中山公园)安放，原有道歉文字全部清除，改题为"公理战胜"，即现在中山公园里的牌坊。如今，东总布胡同昔日的坊巷市井大部分已不存，为花繁草茂的街心花园。

东总布胡同今貌　2007年11月

消失的胡同——铅笔画中的北京风貌

顶银胡同

顶银胡同,位于北京市东城区朝阳门南小街东侧,明代属明时坊管界,清代属正蓝旗辖区。

顶银胡同西口的朝阳门南小街南段,旧称方巾巷。方巾是秀才人头戴的帽子,这里也曾是秀才人出没的地方。顶银胡同东南方的中国社会科学院一带,有贡院西街、贡院东街、贡院二条等地名,是明清时期贡院的旧址所在。贡院,就是向国家贡献人才的科考场所,以科举考卷的单人房间而闻名。顺天府士子的"乡试"和全国考人的"会试",均在贡院举行,供考生客卷的单人房间《千字文》里"天地玄黄"密集排列,每间都用数字编号、"宇宙洪荒"的文字依次编序,即出自贡院里的编号。平常人们所说的"天字第一号",即出自贡院里的编号。

陈宗藩所著《燕都丛考》记述,贡院一带本是元代的礼部所在地,明初曾沿用。明正统年间,礼部迁往东长安街南侧,旧址被改建成贡院。清代《日下旧闻考》记述,乾隆时期扩建贡院,号房数量有9961间,可是到了光绪八年(1882年),顺天府乡试考生多达一万六千人,只

好再次扩建贡院。贡院北面自西向东原有大顶银胡同和小顶银胡同,因贡院向北扩建,拆除了小顶银胡同,余下的大顶银胡同此后也就被去掉了"大"字,改称为顶银胡同。

清末参加过科举考试的震钓在《天咫偶闻》中记述,每逢举行科举考试,贡院附近西至顶银胡同,观音寺、水磨胡同,东至牌坊胡同,北至干迭到缎家。腾出房屋租给远道而来的老婆孩子送到缎家。腾出房屋租给远道而来的考子,出租房屋的门口贴着"状元吉寓"红纸招牌,每间房屋要收银子3至10两,就连东单牌楼商家的物价,也会乘机抬高十分之二、三,有些常年冷清的商铺,就指望在这一个多月的考试期间猛捞一把。

相传考生们还要在这一带的鲤鱼胡同去走一趟,以借得"鲤鱼跃龙门"的喜气。

红学专家周汝昌曾讲道,"方巾是明代念书人,士子巾巷的帽子,可知此地是方巾作坊。"然,由方巾巷往东不远,就是贡院了……贡院自清末光绪三十一年(1905年)停止科举而荒记,到民国十六年(1927年)张作霖时拆除拍卖物料,遂从此荡然无迹。

关于顶银胡同名称的来历,有朋友说是胡同里开过金银首饰店铺,也有朋友说是胡

顶银胡同一角　2007年12月

开过以假顶真,贩卖假银元宝的黑店。其实,"顶银"应是指清代秀才帽子上的"银顶"。古代制度规定,秀才有资格参加京取举人的"乡试",举人有资格参加本地取进士的"会试",进士三品官员戴红宝石顶,是等级身份的标志。一品大员戴红珊瑚顶,人民文学出版社出版的清代官现形记》书后附录《清代的官制》写道,"进士、举人、贡生都戴金顶,生员、监生就是秀才,戴银顶。""生员"就是秀才,"监生"是国子监的"太学生",相当于光绪八年那次顺天府乡试时,有一万六千名考才秀,他们个个帽子上顶都是明晃晃的银顶子在通往贡院的胡同里溜达,难怪胡同会被称为"顶银胡同"。

消失的胡同——铅笔画中的北京风貌

东四四条

东四四条，位于北京市东城区东四北大街东侧，明代属思诚坊管界，清代属正白旗辖区。

东四，是"东四牌楼"的简称，因明代在此处十字路口建有四座跨街牌楼而得名。由东四路口往北，沿东四北大街路东，依次排列着名为"东四头条"至"东四十四条"的14个胡同，这片街巷的历史可以上溯至元大都时期，在元代属黄华坊和居仁坊范围。明代改称思诚坊和南居贤坊，清代则划归正白旗辖区。在明代嘉靖时期的《京师五城坊巷胡同集》中，已经有了东四"头条胡同"至"四条胡同"的记载，到清代光绪时期的《京师坊巷志稿》里，被称为"东四某条"的胡同也被依次改编为"十三条"和"十四条"。1965年北京整顿地名时，"十一条"、"十二条"至"十四条"。

东四四条胡同5号院，高台阶雕嵌两株古槐环抱着朱漆如意大门，门头上镶嵌有刻工精美的砖雕花饰。此院是清代皇族绵宜的旧宅，是北京市东城区政府公布的文物保护四合院。

绵宜是康熙皇帝第23子允祁贝勒的曾孙，因不属长门长孙，没能承袭祖上传下的爵位，但是绵宜自幼勤奋好学，于咸丰三年（1853年）考中进士，选为翰林。他于同治年间出任礼部侍郎，于光绪年间升转户部侍郎，卒于光绪二十四年（1898年）。绵宜的旗籍是正白旗满洲，因此他的宅邸位于正白旗辖区内的东四四条胡同。绵宜旧宅有三进院落，其正房建筑仍保留着清末旧貌。

东四四条一角　2007年12月

作品取材于2004年7月　尺寸：56×41厘米

消失的胡同——铅笔画中的北京风貌

东四六条

东四六条，位于北京市东城区东四北大街东侧。明代属南居贤坊管界，清代属正白旗辖区。

东四六条63号和65号院，是全国重点文物保护单位，原是清代大学士崇礼的住宅。

崇礼本姓姜，祖上原是汉人，归顺清朝后编入正白旗汉军，因此在正白旗辖区居住。《清史稿·崇礼列传》记载，咸丰七年（1857年），崇礼任职清漪园苑丞（苑丞相当于园长，清漪园即颐和园前身），在接待咸丰皇帝时，因答话合宜受到赏识，不久升任内务府大臣。清代官制规定，内务府出身的官员若无外任经历，最高官职只能升至"副部长级"的侍郎。崇礼因工作失误曾两次被降调外省，反而使他获得了出任一品大员的资格。戊戌变法期间，崇礼任职刑部尚书，他亲手经办了拘禁审查和杀害谭嗣同等人的案件，既未中过进士，更未当过翰林，可是他一直做到当时文官最高职位的正一品文渊阁大学士，所以当时人们称他为庸才多福。

相传崇礼暴富的原因，是他在同治年间出任过广东粤海关监督，这是清代首屈一指的肥缺。崇礼在粤海关大肆搜刮的同时，还利用为皇家采购贡品和洋货的机会讨得了慈禧太后的欢心。崇礼京之后在东四六条营造的豪宅，建有假山，水池，戏楼，祠堂，房屋多达300余间，曾被称为"东城之冠"。如今在崇礼旧宅的临街山墙上，还留有6个栓马铁环，可以想见当年门前车水马龙的富贵气象。

东四六条63号院一角　2007年11月

作品取材于2004年8月　尺寸：56×41厘米

消失的胡同——铅笔画中的北京风貌

东四十条

东四十条，位于北京市东城区张自忠路以东。明代属南居贤坊管界，清代属正白旗辖区。

初来北京的外省人，不了解东四十条名称的本意，是指由东四路口向北依次排列的第十条胡同，而经常将其误读为"东 40 条"。东四十条大街原本是一个胡同，长度只有现在的一半，胡同东口被高大的围墙挡住去路。围墙内即清代国家粮库富新仓、兴平仓、旧太仓和南新仓。东四十条地处正白旗镶罗学校（宽罗指远支皇护军统领署和正白旗镶罗学校（宽罗指远支皇族）。解放初期拆除了大部分粮仓，拓宽了胡同，东四十条才变成大街，并向东延伸至现在的二环路十条立交桥位置。如今在东四十条东段的路南，仍留有数座南新仓的老仓廒，作为百货公司的仓库而得到保存。

现在的东四十条大街路北，有一座被改建为黑漆铁门的灰色门楼，院内是抗日将领佟麟阁故居。1937 年 7 月 28 日晨，日本侵略军向驻守北平南苑的二十九军军部发动攻击，副军长佟麟阁率部抵抗至中午，在向城里转移途中，于南苑的时村（今丰台区赵公口以南）遭遇日军伏击殉国。7 月 29 日，将军遗体被部下送回东四十条家里，装殓后将灵柩运到雍和宫东边的柏林寺里隐藏，此后佟家宅院被日本人侵占。1946 年是佟将军殉国九周年，7 月 28 日那天灵柩由柏林寺运往香山东侧的北黄旗村山坡上安葬。

此图所绘的是临街的后院门，其形制是卷棚顶垂花门，应是一座大宅院的二道门，即旧称"大门不出，二门不迈"的"二门"。这座大宅院东四十条大街的破拆除了前院和大门。

东四十条今貌　2007 年 12 月

作品取材于 1995 年 3 月　尺寸：84×56 厘米

消失的胡同——铅笔画中的北京风貌

东四十二条

东四十二条，位于北京市东城区东四北大街东侧。明代属南居贤坊管界，清代属正白旗辖区。

1950年，刚由中央团校毕业的王蒙敬分配到位于东四十一条的中共东四区委工作。在这里他初识了后来成为夫人的方湜。王蒙在《我的先生王蒙》中写道："东四区委坐落在东四十一条39号，这是一座很讲究的典型三进四合院，各院都有耳房和小跨院。王蒙写的《组织部新来的年轻人》应该是以这个院子为原型。"当年区委的后门开在十二条，方湜在牲中回忆说："从东四十二条西口出来，不知不觉地走完了半条东四北大街，我们都愿意送回去。那天，王蒙送我到区委后院，分手时他眼我说回见。时过境迁，许多记忆模糊了，但那一刻的情景始终清晰如今。"

此图所绘的东四十二条一座老宅门，形制属于档次较高的"金柱大门"，两侧有"八字墙"，门前有老槐树，昔日应是富贵人家所居，如今已成了大杂院。进得大门，七拐八拐，忽见花木扶疏处，一位老人坐在屋檐下，举着放大镜正静静地阅读报纸，此情此景不禁令人想起一句唐诗："曲径通幽处，禅房花木深。"

东四十二条一角 2007年12月

作品取材于2001年10月 尺寸：56×41厘米

消失的胡同——铅笔画中的北京风貌

东四十三条

东四十三条，位于北京市东城区东四北大街东侧。明代属南居贤坊管界，清代属正白旗辖区。

十三条东段，旧称慧照寺胡同，因有明代古庙慧照寺而得名。清代《日下旧闻考》记述，慧照寺是明代永宁伯谭广故宅上建成的。谭广是明代六朝元老，他在明成祖朱棣起兵夺取皇位的"靖难之役"中屡建奇功，曾参与北京城建都工程，后多年镇守北方边关，因战功受封为慧照寺建记》古碑镶嵌于民居的墙壁里，碑文落款是明弘治十年，即1497年。

十三条西段，旧称汪家胡同，清代住过高官汪由敦。汪由敦是杭州人，考中进士后，历任尚书，军机大臣，协办大学士等要职，是著名的书法家，曾为乾隆皇帝代笔书写过许多诗文。

清代实行满汉分居，汉人只能住在南城。汪由敦原住在宣武门外椿树三条，因受乾隆宠爱，破例赐居于内城汪家胡同。有一次他进宫上朝到得很早，恰逢乾隆皇帝巡视朝房，见他如此勤奋很是高兴，遂与他聊天。乾隆问道，你起来这么早，可曾用过早餐？汪答道臣无暇早餐，不过是在家吃了几个煮鸡蛋。乾隆闻言大惊说，一个鸡蛋值十两银子，就连朕也不敢多吃，你如何早餐就吃掉几个鸡蛋，还说是凑合？汪由敦明白皇帝是受了御膳房的蒙蔽，但是奏答鸡蛋确实贵重，破鸡蛋身价大跌，因此臣吃的都是降价卖的破鸡蛋。乾隆皇帝亲临汪家胡同来祭奠汪家后，他"学问渊深，文辞雅正"。

东四十三条今貌　2007年12月

作品取材于2001年4月　尺寸：84×56厘米

消失的胡同——铅笔画中的北京风貌

东四十四条

东四十四条，位于北京市东城区东四北大街东侧。明代属南居贤坊管界，清代属正白旗辖区。

东四十四条在1965年改名前，东段称船板胡同，现在胡同西段的农贸市场，西段称北京林厂的厂房，在厂房旁边有几座老房原是北京林厂的厂房，在厂房旁边有几座老房子，是清朝末代肃亲王府的遗迹。

肃亲王府，原在正河桥东面，即今正义路北京市政府位置。第一代肃亲王是清太宗的长子豪格。清太宗死后，豪格因争夺皇位与十四叔多尔衮结仇。后来各方妥协，由清太宗的6岁幼子福临做了顺治皇帝，多尔衮则做了大权独揽的摄政王。豪格一向能征善战，屡建功勋，顺治三年（1646年），他被起用为清远大将军，打陕西和四川，不料回京后一个月就被多尔衮借着放下狱迫害致死。

末代肃亲王名叫善耆，1900年八国联军侵入北京，他因王府被日军强占而迁居于船板胡同。善耆通过结交日本人川岛浪速，与日本军政人士关系密切。清朝灭亡后，他一直在策划依靠日本势力实现清朝复辟。1914年，善耆在大连将自己的女儿十四格格送给川岛浪速做养女，即著名的女间谍川岛芳子，又名金璧辉。日寇侵华期间，川岛芳子回到北平，住进东四九条一座由国民党官员那里抢来的大宅院，自封为金司令，从事间谍活动。1945年10月11日，川岛芳子在东四九条被捕，后被处决于北平第一监狱。

东四十四条14号院一角　2007年7月

作品取材于2002年6月　尺寸：62×44厘米

消失的胡同——铅笔画中的北京风貌

魏家胡同

魏家胡同，位于北京市东城区东四北大街西侧。明代属仁寿坊管界，清代属正白旗辖区。

《京师五城坊巷胡同集》记载，魏家胡同在明代称"卫胡同"，因设有军事机关"金吾左卫"而得名。《明史·兵志》记述，明成祖在北京部署了72个卫的兵力，其中26个卫属于"侍卫上直军"，是皇帝的亲军，负责守卫皇城。金吾左卫负责守卫皇宫左侧的东华门至皇城东安门之间的防区。"卫胡同"至清代取谐音改称魏家胡同，并非是胡同里住有姓魏的大户人家。1919年，建筑世家马辉堂在魏家胡同营建了大型宅园，称为马家花园。

马辉堂家族，上下14代，前后600年在京城开办木厂，经营建筑业。马家祖上马天禄参加过明代北京营营建工程，马辉堂本人承办过清代的颐和园、慈禧陵墓等多处皇家工程及王府、寺庙工程。马辉堂在魏家胡同营建的马家花园，原

有房屋近千间，园中建有戏楼、游廊、荷池、喷泉、假山上建有财神庙，书房里供奉着鲁班神位，堆筑假山所用的太湖石取自圆明园废墟，有些太湖石上还雕刻有乾隆皇帝的题字。1984年1月马家花园虽然完整，但花园仅存部分山石和游廊。后又重建了朱漆彩绘的高大门楼。

魏家胡同一角　2007年6月

作品取材于1998年11月　尺寸：58×40厘米

消失的胡同——铅笔画中的北京风貌

礼士胡同

礼士胡同，位于北京市东城区东四南大街东侧。明代属思诚坊营界，清代属镶白旗辖区。

礼士胡同在明代旧称驴市胡同，相传因有过卖驴的市场而得名。清《京师坊巷志稿》记述驴市胡同又称骡市。清末改称礼士胡同。现在礼士胡同里最为醒目的宅院是清代官员刘墉的故居，大宅门。据北京市东城区文物局1991年编纂的《北京文物地名大全·东城卷》记述，礼士胡同129号实不是"清末武昌知府宾俊宅，其子锡钧贩卖，转手给天津盐商李善人之子颂臣，建成今日规模。……后院又为中国青年报社社长于一美的叔祖，解放后此院曾作为印度尼西亚华大使馆，后又为文化部部长于会咏所居，文化大革命"使他在此悬梁自尽。

清末礼士胡同所著《天咫偶闻》记述："刘文清公故地在驴市胡同西头，南北皆是。"刘文清就是刘墉，"文清"两字是刘墉死后朝廷赐予的表彰性谥号，但是先于刘墉人住驴市胡同的是他的父亲刘统勋。清代礼士奉王昭槿所著《啸亭杂录》记述，清朝规定北京内城该为八旗辖区，汉官都住在外城。那里不仅地势低注拥挤，而且租房时房主经常抬高租

金，因此皇帝会特批一些受宠信的官员在内城居住，并赏赐宅院，称为"赐第"。刘统勋受赐居住的《清史稿·刘统勋列传》记述，刘统勋是山东诸城县人，雍正二年（1724年）考中进士，选人翰林院。乾隆元年（1736年）升任从二品内阁学士，历任侍郎、尚书，军机大臣官至正一品大学士。乾隆皇帝发兵征讨四川西部的大、小金川叛乱时，因军事属传下的，主将温福战败身亡。后刘统勋意见时，焦急地问道"朕颇憾无计，乾隆皇帝征询刘统勋回答："失利以后断不可撤兵。刘统勋保荐前方的副将军阿桂领兵再战，最终取得了胜利，一次，户部奏称各省州县仓库多有亏空，帖式（相当于文书官）充任。他对刘统勋说："朕思之三日矣，汝意云何"？刘统勋回答："我不能立即做结论，待我仔细研究后再回答"。次日，刘统勋以"州县亏治百姓者也，当使身为百姓者为之"，乾隆皇帝欣然接受。

乾隆三十八年（1773年）十一月的一天早晨，刘统勋乘轿上朝来到东华门外，轿夫忽然察觉刘统勋已经死去。乾隆

皇帝闻讯急派尚书福隆安送药急救，但已来不及。《啸亭杂录》记述，乾隆皇帝亲临刘市胡同刘宅吊唁时，因刘家门庭矮小，只好将轿子顶盖拆下才抬进刘家。乾隆皇帝"临其丧，见其俭素，为之恸。既回跸至乾清门，流涕谓诸臣曰：朕失一股肱。既而叹曰：如统勋乃不愧真宰相"。

此后刘统勋的长子刘墉于乾隆十六年（1751年）考中进士，选人翰林院，历任知府、巡抚、尚书，上书房总师傅，大学士，85岁去世。刘墉之子在乾隆四十四年（1779年）考中进士，顺天府尹，曾因政务不熟被嘉庆皇帝降职。

礼士胡同129号院一角 2007年12月

作品取材于2001年8月 尺寸：56×41厘米

消失的胡同——铅笔画中的北京风貌

报房胡同

报房胡同，位于北京市东城区王府井大街北段东侧，明代属明照坊管界，清代属正白旗辖界。

报房胡同，明《京师五城坊巷胡同集》记为豹房胡同和小豹房胡同，其南北的分支称为宝府巷。清《京师坊巷志稿》记述为宝府、豹房改称为大豆腐巷，报房胡同北侧的胡同称为小豆腐巷。报房胡同民国时期又改称为宝盖胡同。据房志元代养鸽子的市场。

报房胡同最著名的古建筑是位于报房胡同和小豹房之间的法华寺旧址。"戊戌变法"在这里，《光绪顺天府志》记述，法华寺是明代泰昌间夜访的法华寺旧址，法华寺是明代泰昌间成化皇帝的太监刘通和顺兄弟舍宅而建，由成化皇帝赐名法华寺。《光绪顺天府志》说这里"殿宇轩敞，庭中有花木"，当曾极盛一时。清代乾隆四十三年(1778年)重建以后，规模庞大，东西有三路院落，南北有五进殿堂，古地广阔。

清代官员出差时，因嫌城店喧闹嘈杂，选择环境清幽的寺庙居住。1898年9月14日，袁世凯应光绪皇帝召从天津到北京来，就住在法华寺里。当时，主张变法维新的光绪皇帝与握权守旧的慈禧太后之间产生了严重的冲突，光绪皇帝认为，"将旧法尽变，而尽黜此辈昏廉之人，则朕之权力实有未足。果使如此，则联位且不能保，何况其他"。康有为极力推荐袁世凯，企图利用袁世凯在天津小站训练的新建陆军以武力除去慈禧太后。

9月16日晨，光绪皇帝在颐和园召见了袁世凯，当日将他的官衔由正三品的首隶按察使提升为从二品的兵部侍郎，以示笼络，并指示他专办练兵事务。9月17日晨，袁世凯再入颐和园谢恩，光绪皇帝称赞他，"人人都说你练的兵，办的学堂甚好，此后可与荣禄各办各事"，授意袁世凯脱离直隶总督荣禄的控制。

9月18日上午，袁世凯到王府井大街冰盏胡同贤良寺，拜见了住在寺里的老上级李鸿章。下午又去定府大街(今称定阜街)拜见了庆亲王奕劻。当晚，变法骨干人物谭嗣同到法华寺密访袁世凯，据袁世凯《戊戌日记》记述，那天夜晚谭嗣同要求袁世凯杀荣禄，然后率军进京，分两路，一路先将颐和园包围起来，一路进宫保卫光绪皇帝。袁世凯说还要借故"本年粮饷弹药均在天津，营内存者极少，必须先将粮弹领运足用，方可用兵"，营存者极少，待至伊时，皇上"即将巡幸天津"，后又推脱说"诛荣禄，军队咸集，一寸纸条，谁能不遵"，又何事不成"。

9月20日，袁世凯辞行时，劝告光绪皇帝变法不到皇宫的光绪皇帝辞行时，劝告光绪皇帝变法不要操之过急，维新人士"阅历太浅，办事不能慎重"，累及皇上，关系极重，光绪皇帝没有答话。袁世凯于中午乘火车返回天津，当晚向直隶总督荣禄报告了谭嗣同发动兵变胡同的计划。

中国人民大学清史研究所编著的《清史编

年》认为，1898年9月19日晨，慈禧太后已由颐和园返回皇宫发动了政变，剥夺了光绪皇帝的权力及袁世凯辞行时，光绪皇帝不答话。《清史编年》认为，"只因袁后日翻云覆雨，故袁之所记(戊戌日记)无人信之。然与档案对证，袁之记述大体可靠。然袁之告密与六君子(谭嗣同等六人)之被害，却与六君子之步步高升，直接相关"。袁世凯此后步步高升，1899年升任山东巡抚，1901年又因李鸿章临死前推荐出任直隶总督兼北洋大臣，1907年进京出任军机大臣兼外务部尚书。

法华寺的正门原在报房胡同103号，今已不存。后旧有的正殿已毁于1976年的地震，殿前原有的6座清代石碑，院内到处是清代乾隆四十三年德修和尚重修法华寺的石碑，立在一家民居的屋檐下。

报房胡同今貌 2007年12月

作品取材于2001年10月 尺寸: 56×41厘米

消失的胡同——铅笔画中的北京风貌

史家胡同

史家胡同，位于北京市东城区东单北大街东侧，明代属黄华坊官男，清代属镶白旗辖区。老北京曾有多处史家胡同，明《京师五城坊巷胡同集》记述，外城音南坊北侧有史家胡同，即发端于东单北大街东侧的这条史家胡同。1901年，清《京师坊巷志稿》记述，著名的清华大学，外城花市街即发端于东单北侧的这条史家胡同。

1901年，清朝被迫与列强签订了《辛丑条约》，承诺向列强赔款4亿5千万两白银，分期39年支付，每年加息4%，到期本利合计9亿8千余万两。史称"庚子赔款"。虽然后因世界大战等国际形势变化，"庚子赔款"没有全部支付，但至1938年中国已经付出6亿5千余万两。

1908年，美国决定将已得的7.32%"庚子赔款"的份额（合计约2441万美元）以每年退还一部分（合计应为1079万美元），后因世界大战中断的方式用于资助中国学生赴美留学。1909年7月10日，清朝外务部成立游美学务处，管理赴美留学事务。当年，游美学务处在史家胡同考第一批赴美留学生，报考人数630名，录取47名，其中就有后来成为清华大学校长的梅贻琦。1910年在史家胡同招考第二批赴美留学生，录取

70人，其中有赵元任、胡适、竺可桢。当时的录取条件为："身体强壮，性情纯正，相貌完全，身家清白，年龄适当，中文须能作文并有文史知识，英文须能直接入美大学及专科听讲"。1909年9月28日，清朝将北京郊区清华园地拨拨给游美学务处，筹建游美肄业馆，即留美预科学校，此为清华大学的前身。

1934年北京大学刘半农教授和学生经过十几次直接采访写成的《赛金花本事》记述，赛金花以钦差大臣夫人名义随洪钧出使欧洲三年，于光绪十六年（1890年）回国，在北京前三年小草厂。因那里的住宅较小，又因洪钧的应于东单北大街东堂子胡同北边不远处的史家胡同购买了大宅院。不料尚未搬家，洪钧即于1893年病逝。有人认为，当年赛金花和洪钧在史家胡同购买的大宅院，就是现在的好园国宾馆所在地。

1956年首都剧院设在史家胡同。排练话剧《龙须沟》时，剧情里有水淹龙须沟以后居民们搬到北京人民艺术剧院的情节。导演焦菊隐觉得这场戏有点冷清，决定加几个群众角色。黄宗洛被分派演一个卖酸梨的老头儿。黄宗洛回忆说："虽说是演这么个不大起眼的角色，可目接戏我就整天琢磨梨推的穷老

头儿的神情动作，并与他们防佛睑，后来我真当弄了一身烂棉袄，买了一篮子糠沙果一样大小的梨子，在人艺所在的史家胡同真卖出时，一个多月的酸梨，一动不动，只卖了半个多月的酸梨的老头儿们就糟蹋了好几十斤，我足足卖过，有朋友以为史家胡同北边里已有卖梨的老头儿在那里，都是来躲雨的。

法故居而得名，青砖灰瓦腊月里，看没有台词，这个多半搀跌在小茶馆台阶旁，知道一堆人躲雨的。

有朋友以为史家胡同因有明末清初英雄史可法故居而得名，青砖灰瓦腊月里，可是在成书于明嘉靖年间的《京师五城坊巷胡同集》里已有史家胡同的记载，不念史可法的"史阁部祠堂"。

史家胡同53号院一角 2007年12月

作品取材于2004年9月 尺寸：85×55厘米

消失的胡同——铅笔画中的北京风貌

冶国胡同

冶国胡同，位于北京市东城区崇文门内大街以东。

明代属明时坊管界，清代属正蓝旗镶嵌。

冶国胡同，在明《京师五城坊巷胡同集》明时坊条目下记述为"姚铸锅胡同"，此条目同时还记述了明时坊里的许多由人物姓氏和从事行业所组成的胡同名称，如马丝棉胡同、随磨房胡同、王搭材胡同、灯草王爹胡同、罗纸马胡同、黄兽医胡同等。看来，明代的明时坊是个五行八作集中的地方，很可能有个姓姚的工匠在胡同里开了个铸锅作坊，由此产生了"姚铸锅胡同"的名称。民国时期，姚铸锅胡同被取谐音雅化为"尧治国胡同"，显然"尧"是那位被古人传诵治国有道的五帝之一"尧帝"。1965年北京整顿地名时，"尧治国胡同"又被简化为"冶国胡同"。

自1860年英法联军入侵以来，相继有十余个国家在东交民巷一带设立了公使馆。1900年八国联军入侵之后，列强又将使馆区强行扩大为南起崇文门内西城根、西到天安门前户部街、北临东长安街、东至崇文门内大街的广阔地段。此后，外国势力又逐渐向崇文门内大街以东扩张。1931年出版的《燕都丛考》称，"人崇文门而东，日崇文门内东城根，有那稣教堂，妇婴医院（应为寨贞医院），有汇文学校，古地极广"。这里所说的那稣教堂即今后沟胡同亚斯力教堂，洋人开办的妇婴医院即今后沟胡同红房子招待所，修女开办的寨贞女校即今北京站地区一二五中学，教会开办的汇文学校包含今北京站地区，直至盔甲厂胡同，当年的全国运动会都曾借用汇文大操场举行。

旧时在崇文门内大街以东的街巷里，兴起了许多以洋人为对象的生意，如姚铸锅胡同的妓院，三元庵胡同开设了接待洋人的妓院，南边的钓鱼胡同开设了胜利面包房，姚铸锅胡同里也开设了德太永牛奶房。

近儿年崇文门内大街以东地区发展变化很大，冶国胡同原来就不长，靠近北京站西街的部分改造施工并且兴建了加油站之后，所余部分更短了。

冶国胡同东口今貌　2007年10月

作品取材于2002年8月　尺寸：56×41厘米

消失的胡同——铅笔画中的北京风貌

麻线胡同

麻线胡同,位于北京市东城区崇文门内大街东侧。明代属明时坊管界,清代属正蓝旗辖区。

麻线胡同,在明《京师五城坊巷胡同集》中记述为"麻绳胡同",可能是因元代这里有经营麻绳的店铺而得。在清《京师坊巷志稿》中记述为"麻线胡同"。这一带在明清时期位于崇文门内,由崇文门向北2里就是元代的文明门所在地。"麻线胡同"向北2里就是元代的文明门所在地。元代,通惠河向南流出文明门西水关,沿今汽河胡同,沟沿头,泡子河等与水相关的地名。后泡河胡同,沟沿头,泡子河等与水相关的地名。就像今天汽车水车通到哪里,就为哪里带来商机一样,元代的通惠河转弯处麻线胡同,形成了"省东市","文籍市","纸札市","江米巷(交民巷)"等市场。元人能梦祥所著《析津志》记述,元大都的劳动者多穿麻鞋,对麻的需求量很大,建材店铺还收集大量废弃的麻鞋,洗净后用刀捣烂出售,称为"麻刀",也叫"麻捣"。

麻线胡同最有名的老宅门当属3号院,这是清朝皇族敬征的府邸。敬征是清初承亲王豪格的五世孙,嘉庆十年(1805年)封辅国公,授内阁学士,住卫,嘉庆十九年(1814年)授内阁学士等职,道光二十二年(1842年),因多次出京族总族长,道光二十二年(1842年),因多次出京办理黄河有功,升任协办大学士兼户部尚书,不久因得罪皇帝被撤职,咸丰元年(1851年),被诰授一品官衔。敬征的孙子盛昱名气更大,他十六岁能考古论诗,称为神童,后来中进士,入翰林,任职御前日讲起居注官不满半年,就连劾数

麻线胡同今貌 2007年11月

位高官,名声大振,《清史稿》说他出任国子祭酒(相当于国立大学校长)后,大治学舍,奖拿学、增加学生补助,"酌定积分章程"。盛昱卒于光绪二十五年(1899年),敬征府邸规模庞大,占据大半个胡同,清亡之后,由后人售予袁世凯政府首任内阁总理唐绍仪,后又转售予梁敦彦。梁敦彦是清朝首批留美幼童学生之一,他与同学,都是清朝首批留美幼童学生,后留美回国后,历任清末外务部尚书和袁世凯政府交通部长。

此图所绘为麻线胡同3号院拆迁之前的大门,门阔装在门道最前方,应属第三等级的"蛮子门"式样,以敬征做过皇族公爵,协办大学士,户部尚书的身份而言,他家应使用第一等级的"广亮大门"或第二等级的"金柱大门"才对。有朋友说此院原本是敬征府邸的花园,不是正门,细看那门槛是活动的,还遗有一只提环,想必是为了方便轿子或车辆出入而设。

作品取材于2004年9月 尺寸:56×41厘米

消失的胡同——铅笔画中的北京风貌

苏州胡同

苏州胡同，位于北京市东城区崇文门内大街东侧。明代属明时坊管界，清代属正蓝旗辖区。

《京师五城坊巷胡同集》记载，明代的明时坊管界，有三条以南方地名命名的胡同，其中的镇江胡同在开辟北京站西街时被分割为东镇江胡同，扬州胡同后改称祥溢胡同。苏州胡同因明初兴建北京国都时聚居着来自苏州的工匠而得名。

苏州市吴中区胥口镇，明代旧称香山乡，世代传承建筑业，所出能工巧匠，至今号称"香山帮"。香山帮最为著名的明代大工匠蒯祥，就是香山乡渔帆村人。蒯祥出自木匠世家，父亲蒯福曾参加过明太祖朱元璋时期南京皇宫的营建工程，是木匠头领。后来明成祖朱棣决定迁都北京，蒯祥于永乐十五年（1417年）来到北京，接替了父亲的正九品工部"营缮所丞"职务，统领着大批苏州工匠参建皇宫御苑。康熙《苏州府志》说蒯祥"永乐间，召建大内，凡殿阁楼榭，以至回廊曲宇，祥随手图之，无不称上意"。蒯祥精于尺度计算，擅长榫卯技巧，能双手握笔同时描绘双龙，"画成合之"，"双龙如一"。明清两代北京皇宫使用的铺地"金砖"和"苏式彩绘"，即出自蒯祥的家乡苏州。

永乐十九年（1421年）明朝正式迁都北京，不料新建成的皇宫三大殿于当年四月即遭火灾焚毁。明英宗正统年间，蒯祥主持了三大殿的重建及正阳门内的五府六部衙署工程。史载"自正统以来，凡百营造，祥无不与"，"正统中，重作三殿及文武诸司，效劳尤多"。蒯祥还主持营建了北京十三陵中的明宪陵和明裕陵，由于扶艺高超，连皇帝都称呼他为"蒯鲁班"。景泰七年（1456年），蒯祥升任工部侍郎，明人称他为"匠官"。明宪宗成化八年（1472年），蒯祥主持重建了北京护国寺，成化十七年（1481年），84岁高龄的蒯祥在北京病逝，皇帝闻讯派官员致祭，又追赠蒯祥的祖父和父亲为侍郎官衔，并荫封蒯祥的两个儿子为锦衣卫千户官和国子监太学生。

蒯祥逝后归葬家乡渔帆村，其墓园至今尚存。他的家乡现在还有名叫"蒯祥公司"的建筑公司。相传蒯祥曾居住过的苏州胡同，当时被称为"蒯侍郎胡同"。如今的苏州胡同在建设施工中只余有南侧半边街巷，然而蒯祥当年主持建的北京皇宫和十三陵等处皇家工程，却成了来京游客必到的旅游景点。

苏州胡同今貌　2007年11月

作品取材于2001年4月　尺寸：56×41厘米

消失的胡同——铅笔画中的北京风貌

东受禄街

东受禄街,位于北京市东城区北京站东大街南侧。明代属明时坊管界,清代属正蓝旗辖区。

东受禄街在清末曾称神路街,通常对大庙前的街道才会称之为神路街,这一带旧时曾有许多寺庙,但与神路街对应的是哪座寺庙尚无确考。距此不远的内城东南角楼之下旧有泡子河,《光绪顺天府志》记述,泡子河西岸的明代慈云寺,寺僧就会将慈云寺设有求梦祠,相传求梦很灵验,常有考生去吕公堂求梦,预测自己能否考中。

东受禄街附近的盔甲厂胡同,因明代设有贮存武器军火的仓库"盔甲厂"而得名,以往曾多次发生火药爆炸事故。明万历三十三年(1605年),军人到盔甲厂领取火药凝结成块,遂用斧头劈砍,不料引发爆炸,因火药凝结成百人,殃及居民无数。明崇祯七年(1634年),盔甲厂又发生大爆炸,炸毁房屋甚多,厂内加工火药使用的大石碾都被炸飞到泡子河岸边的城墙之下。清代,盔甲厂被改为"炮厂"胡同,此处存在发炮炸,地名也因此称为"炮厂"胡同,不料还是发生丁爆炸,清初李查慎行的《人海记》记述,康熙二十二年(1683年),此处"地中忽作响,有光如电,初以为地震也",后来才发现这里是过去的地

下火药车,虽然覆盖着石板,埋着尺余厚的土层,但不知何故引发爆炸,死伤200余人。

1946年,著名画家徐悲鸿来到北平,出任北平艺术专科学校校长,1947年他住进东受禄街16号宅院。徐悲鸿在庭院裁植了桃树和蜀葵花,他将画室命名为"蜀葵花屋",每年都请齐白石和来摘桃子。"平津战役"期间,徐悲鸿曾为北平和平解放奔走联络。1949年,他在欧协会议上提议以《义勇军进行曲》作为新中国的国歌。1953年,中央美术学院故居被拆联聘为徐悲鸿累愈过度发病,次年,徐悲鸿故居被因地铁施工被拆除,1983年又在新街口北大街周边建成了新的徐悲鸿纪念馆。1966年徐悲鸿故居因地铁施工被拆除,1983年又在新街口北大街周边建成了新的徐悲鸿纪念馆。

随着北京站周边配套设施的建设发展,东受禄街在逐渐缩短,近年在街头又建成了大型公交汽车站。

东受禄街今貌 2007年12月

作品取材于2001年5月 尺寸:84×56厘米

消失的胡同——铅笔画中的北京风貌

北池子大街

北池子大街，位于北京市东城区故宫东侧。明清时期属皇城范围。

北池子大街北起景山前街东端，南至东华门大街西口。由东华门大街西口向南至东长安街的路段为南池子大街。南，北池子大街过去只有北口，没有南口。现在南口面临东长安街的那座标有"南池子"三字的红色三洞拱门，是1912年打通的。北池子大街是明清时期建造的。

明清时期，南、北池子大街两侧分布着许多为皇家服务的衙署、机构、仓库，有鹰房、官豆腐房、官猪圈、御马圈、缎匹库、门神库、武备院等。由于紫禁城内高大的宫殿多为木质结构，曾多次遭到风雨雷电侵袭，消代雍正皇帝为确保皇宫安全，出于风水迷信心理，下令在皇宫周边建造了雷、雨、风、云四座神庙，以期风调雨顺。其中供奉雷神的称为昭显庙，位于皇宫西侧的北长街，建于雍正十年（1732年），今已不存。供奉雨神龙王的称为时应宫，位于北长街小学，建于雍正二年（1724年），今为北苑中海西北角。供奉云神的称为凝和庙，位于北池子大街，建于雍正八年（1730年），今为北池子小学。供奉风神的称为宣仁庙，位于北池子大街

北边，建于雍正六年（1728年），今为某机关办公场所。

现在的北池子大街，是北京市中心区罕见的行人车辆较少，环境雅致清幽的街道之一。街头红墙掩映，绿槐垂荫。据民国时期的《北京市志稿》记述，1924年，北京市政当局在今动物园所在地成立市属农事试验场。1937年，林务股在理和栽植本市街头行道树木。下设林务股，负责管南，北池子大街、景山前街、东、西长安街等处栽植行道树木3375株，所需苗木大都出自农事试验场所属各苗圃。如今北池子大街两侧那些合拱的老槐树，有不少还是在七十年前栽植的。

北池子大街今貌 2007年11月

消失的胡同——铅笔画中的北京风貌

银闸胡同

银闸胡同,位于北京市东城区故宫东北方向的北河沿大街西侧,明清时期属于皇城范围。

银闸胡同东口在北河沿大街西侧,北口在五四大街沙滩南侧。东口曲尺状走向,《燕都丛考》引用民国学者张江裁所著《燕京访古录》记述,在御河(明清时期的通惠河的称谓)西侧,已经成为平地,地下"土里有白银铸水闸一座,横梁长四尺八寸,宽五寸,厚三寸……横梁正中镌银闸二大字,上首镌'大元至统(1333年)癸酉秋奉旨转铸银闸'9小字,下首镌'大傅左丞相萨敦临铸'15小字",此为银闸胡同名称的来历。作者按语"所云以银铸闸之说,恐不足信,但言之凿凿如此,姑录存之",其实银闸的存在大有可能。

元代的通惠河,自海子东岸万宁桥下流出,经今日地安门东大街以北的"北河胡同"和地安门东大街以南,文明门(明清时期的崇文门以北)西大关出皇城,再向东流往通州。

由于明代皇宫中轴线整体东移,而向东移的皇城东墙距银闸远,因此皇宫中心距东安门一线的"东华门"(应为东安门)之外,远近民居之声至焉,明人朱国祯所著《涌幢小品》记述,"东华门……至宣德七年(1432年)始加缮护,移东华门(应为东安门)河之东,迁民居以达"。

于西之隙地,东移后的东安门及皇城东墙,在今东皇城根北街和南街一线,被圈入皇城,东皇城根北街和南街一线,被圈人皇城大街,正义路一线,经崇文门西水关出城河。

有朋友质疑,元代的通惠河既然能通航运粮船,必定很宽,"横梁长四尺八寸"的银闸如何够用。其实这种事有先例,《元史·河渠志》记述,"壬申四年七月(1311年)奉旨引金水河水,注之光天殿西花园石山前旧池,置四闸以节水"。因为那时的河道紧贴着皇城,以至皇帝想引一条小水渠进宫,以蓄水栽荷养鱼,也就无须太大的水闸。

还有朋友认为用银子铸造水闸难以置信,那么清看元代《析津志》记载:"丽正门(元大都的正门,相当于明代的正阳门)南第一桥,此水是金口铜闸。铜的闸板,够气派吧。要知道,金的第二桥,第二也就做铜所以用纸钞。"

再看元代仪所著《南村辍耕录》,在元祖忽必烈的宫殿里,白玉做立柱,宝石镶御榻,楠木做小床,紫檀做御床,皮革做地毯,墨玉做酒缸,此酒缸现存北海团城,山大玉海。皇帝想要个小小银闸,日后旨令铸造银闸的那个皇帝,后来有名的"十六天魔"美女跳舞,就是他发明的。他那年13岁,以擅舞之声称,银闸胡同一带在明代,

御马监和马神庙,西边是仪仗队养大象的象房,东边是存放御用马车的"里草栏",因此到现在,胡同旁边还有个"草栏胡同"。

清代,银闸胡同北河上跨有一座骑河桥,吴长元所著《宸垣识略》记述,即银闸也,"骑河桥在御马圈河楼街中,街东口所著"二尺许,可见银闸之说,确有来历。那次去银闸胡同写生时,虽然难觅马神庙与那次踪迹,却赶上一场漫天大雪,将胡同"银"一下:"银气"。看那座在胡同旧址上新建的办公楼,从空调机和围栏,一不是银白色的。看来,银闸胡同其实不小。

银闸胡同今貌 2007年10月

作品取材于1998年12月 尺寸:56×41厘米

消失的胡同——铅笔画中的北京风貌

菖蒲河沿

菖蒲河沿，原是平行于菖蒲河北岸的一条胡同，今已融入天安门东侧的菖蒲河公园。这一带在明清时期均属皇城范围。

菖蒲河，是天安门前的外金水河下游河段，因两岸从丛生水草菖蒲而得名。元代营建大都城时，引水关从泉山水源由和义门（即清时期的西直门）南水关入皇城，经现在的赵登禹路、太平桥大街一线引流入皇城太液池，将引水河道称为金水河。明代建北京皇宫时，此引水河道改为金水河，将太液池向南扩大，形成了南海、中海、北海三片水域，号称"西苑三海"，又于南海东岸引水，向东流经今南长街东侧至南河沿一线胡同，即菖蒲河。明代还由北海的北闸口沿着东河沿胡同，再向东流经今中山公园西侧的织女桥下游，穿过紫禁城东南角的菖蒲河河段，汇成"内金水河"。内金水河由紫禁城东南角流出城墙，注入今飞龙桥胡同一线向南的菖蒲河，可见当日的皇家西苑并非仅一

清代《日下旧闻考》记述，明永乐年间，明祖曾于端午节时与百官亲到西苑柳，击球时足与皇亲军队比赛，"自皇太孙而下，诸王、大臣以次击射，皇太孙击射连发皆中，

喜，命儒臣赋诗，赐群臣曼及钞币有差。将鸽子装入盒中，"悬于柳上，射中盒开，鸽飞而出，以此为乐"，称为"射柳"。

皇太孙就是后来的明宣宗皇帝。宣德三年（1428年）夏季，明宣宗与大臣们同游东苑，殿后一座金碧辉煌的殿宇，殿前蒲树成花，池上玉龙砌，奇石森竖，环植花卉。引泉为方池，池畔建在菖蒲河畔的树荫下，明宣宗又让大臣们参观自己建造，屋顶覆盖茅草，草含梁柱的草轩，院落围绕着竹篱，栽植着葫芦瓜菜。明宣宗领着众人在菖蒲河张网捕鱼，当场做成鱼羹与大臣们共享。

东苑又称南内，亦称小南城，这片风光被囚的人间仙境，后来却成了明英宗被囚禁八年的年狱。正统十四年（1449年），23岁的明英宗率军亲征蒙古瓦刺部族，在怀来土木堡兵败被擒，他的弟弟景泰皇帝即位为帝。明英宗获释回京后，明景泰皇帝因畏热常在树下乘凉，为防止他们爬树逃脱，景泰皇帝砍伐了菖蒲河畔的树木作为，派太监将树木全部砍伐。八年之后，景泰皇帝病重，明英宗乘机重登皇位，他下令诛杀了砍树的太监。

1644年，摄政王多尔衮率领清军占领北京城，他将摄政王府设在小南城，即南池子大街的普度寺位置。多尔衮摄政七年，每天召集百官的

朝廷去走一个过场，后来他嫌带来太麻烦，干脆将顺治皇帝抱回自己府中。

清初诗人吴伟业有诗句，"松林路转玉河行，寂寂空垣宿鸟惊"，"南城"即指多尔衮王府所在的明代小南城旧址。

古代菖蒲河将紫禁城视为人间天宫，下游菖蒲河在南池子街的小桥被叫做"织女河"，后来在南长街的小桥被叫做"牛郎桥"。菖蒲河改建后的小苏州胡同和菖蒲河沿胡同，再后来，水木明瑟、柳绿花红，宛然又成了人间仙境。

菖蒲河沿今貌　陆元摄于2007年10月

作品取材于2001年9月　尺寸：44×62厘米

消失的胡同——铅笔画中的北京风貌

吉安所左巷

吉安所左巷，位于北京市东城区地安门内大街东侧的黄化门街路南。明清时期属于皇城范围，清代将明朝遗留的太监衙署"四司八局十二监二十四衙门"编入内务府，位于黄化门街路南的司礼监衙署被撤销，旧址改建为内务府下属的为皇宫死去宫女太子装殓和停灵待葬的吉安所。吉安所是一个长方形的院落，后来环绕着吉安所形成的胡同，东面称吉安所东巷，西面称吉安所西巷，南面称吉安所南巷，北面称吉安所北巷。清代和民国时期，吉安所西北方还有个司礼监胡同，后来合并入吉安所右巷。

1918年8月19日，毛泽东首次来到北京，先是住在豆腐池胡同杨昌济老师家里，后来为了工作和学习的方便，又住到吉安所左巷。斯诺所著《西行漫记》引用毛泽东的回忆说，"那年夏天，我决定到北平去。当时湖南有许多学生打算用勤工俭学的办法到法国去留学……北京对我来说

大，我是向朋友们借了钱来首都的，来了以后非马上就找工作不可。我从前在师范学校的伦理学教员杨昌济，这时是国立北京大学校的教授，他帮助我找工作，他就是李大钊，后来成了中国共产党的创始人，被张作霖杀害。李大钊给我介绍一位北大新闻学会的工作，工资不低，每月有8块钱"。

毛泽东在北大图书馆工作的同时，还加入了北大新闻学会。他回忆说，"也是在这里，我遇见而且爱上了杨开慧。她是我以前的伦理学教员杨昌济的女儿，在我的青年时代对我有很深的影响，后来在北京成了我的一位知心朋友"。

吉安所左巷在景山东北方向，距景山东边的北京大学很近，由吉安所左巷去北京大学必经三眼井胡同，《西行漫记》引用毛泽东的回忆说，"我住在一个叫做三眼井的地方，同另外七个人住在一间小屋子里。我们大家都睡到炕上的时候，挤得几乎透不过气来。每逢我要翻身，得先同两旁的人打招呼"。

吉安所左巷距中央公园（当时被市民简称为"公园"，即今中山公园）、故宫、北海都不远，毛泽东回忆说，"在公园里，在故宫的庭院里，我却看到了北方的早春，北海上还结着坚冰的时候，我看到了洁白的梅花盛开。我看到杨柳垂在北海上，枝头悬挂着晶莹的冰柱，因而想起唐朝诗人岑参咏颂北海雪树的诗句：'千树万树梨花开'。北京数不尽的树木激起了我的惊叹和赞美"。

毛泽东当年在吉安所左巷住过的小院现为8号院，1919年3月12日，他从这里去了上海。

吉安所左巷8号院一角　2007年11月

作品取材于1995年7月　尺寸：53×41厘米

消失的胡同——铅笔画中的北京风貌

吉安所北巷

吉安所北巷，位于北京市东城区地安门内大街东侧的黄化门街路南，明清时期属于皇城范围。

在明代的地安门内大街两侧，都是由太监掌管的为宫廷服务的"四司八局十二监二十四衙门"所在地，如街西的染织局胡同，原是明代的内染局，街东的织染局胡同，原是明代的内织染局。现在的地安门内大街两侧，还有昔日环绕这些衙门的红墙遗迹。当年大街两侧的红墙上各开有一座覆盖黄色琉璃瓦顶的大门，在黄化门街口的叫东黄瓦门，西黄瓦门，在黄化门被拆为"黄化门"，"黄化门街"，即由此得名。

进入黄化门街不远处，靠南侧的吉安所北巷一带，就是明"二十四衙门"中权力最大的司礼监所在地。《明史·职官志》记述，司礼监掌管"督理皇城内一应仪礼刑名"，"照阁票批朱"，"关防门禁"，"内外章奏"，其中职掌"圣旨任所雄矣，臭名昭著的魏忠贤就当过司礼监的秉笔太监。

到清代，"二十四衙门"被编入内务府，司礼监撤销后，旧址被改建为吉安所。《日下旧闻考》对此有记载："司礼监今为吉安所，吉安所其实既不"吉"，也不"安"，那是为宫里死去的女子装殓停

吉安所北巷26号院一角　　2007年11月

灵待葬的地方，是内务府下属的一个机构。《燕都丛考》记述，"吉安所"今已售为民居，所之东日东夹道，西日西夹道，其北日铁匠营。这三条胡同似乎铁匠曾现称吉安所道，东夹道现称吉安所右巷，西日西夹道现称吉安所左巷，其间包着的地方，就是吉安所旧址。

"门"字形，其间包围的殿宇。现仍有残留部分殿宇。

这一带过去算"高档住宅区"，有不少颇具规模的深宅大院。清初的大学者朱彝尊，清末的大太监李莲英都住过黄化门街。吉安所北巷26号这座"如意"式大门，屋脊两端高翘着"蝎子尾"，门头镶嵌有"梅兰竹菊"四季花卉砖雕，虽然被简陋的临建小房遮住大半个身影，仍不失凝重而精致的气度。

作品取材于1995年7月　　尺寸：84×56厘米

消失的胡同——铅笔画中的北京风貌

西颂年胡同

西颂年胡同，位于北京市东城区东直门南小街东侧，明代属南居贤坊管界，清代属正白旗辖区。

西颂年胡同旧称西未姑娘胡同。据《京师五城坊巷胡同集》记载，明代已有未姑娘胡同，至清代，胡同分为三段，分别称为东未姑娘胡同、中未姑娘胡同、西未姑娘胡同。《京师坊巷志稿》记述，在明代，未姑娘胡同所在的南居贤坊及南邻的黄华坊一带，还有马姑娘胡同、粉子胡同、勾栏胡同，演乐胡同和本司胡同，这些胡同都因设有歌楼舞馆而得名，属于古代的"红灯区"。其中的"粉子"指妓女，"勾栏"指妓院，演乐胡同是因传授教坊司排练舞乐的地方，本司胡同曾是教坊司所在地。明代的教坊司是礼部下属的正九品衙门，掌管以歌舞音乐为专业的"乐户"，负责为官廷和官府提供娱乐服务。明代经常将犯罪官员的妻女罚入教坊司充当官妓。明代《宛署杂记》记述，皇帝每年春季到先农坛举行亲耕典礼时，要找数十名老农手持农具助兴，还要派上百名教坊司女艺人装扮成风云雷雨土地诸神，敲鼓演唱太平

西颂年胡同今貌　2007年10月

歌。亲耕典礼结束，这些人还要向皇帝奉献五谷以示丰收，之后每人得赏2个馒头，2斤肉，但是所需费用要由宛平和大兴两县衙署均摊。

民国初年，北京为实行户籍管理，需要将街巷名称统一登记，编制门牌号码。那时曾将一些称谓不雅的地名按谐音改名。西未姑娘胡同被改为"西颂年胡同"，南邻的王驸马胡同，也于1965年被改为南颂年胡同。如今这一带已被建为住宅小区，昔日胡同里的脂粉气息已荡然无存，只有那些特意保留的古树，似乎还在倾听着历史的足音。

作品取材于1995年10月　尺寸：84×56厘米

消失的胡同——铅笔画中的北京风貌

北弓匠营胡同

北弓匠营胡同，位于北京市东城区东直门南大街西侧。明代属南居贤坊管界，清代属正白旗辖区。

老北京曾有许多称为某匠、某营的胡同，多因设有军工生产机构而得名，例如阜成门内有鞍匠营和弓匠营胡同，西单路口西南有铁匠营胡同，崇文门内有铁匠营胡同和炮厂胡同，安定门内有局厂胡同（清初的造炮厂）附近有铜厂胡同。1644年6月6日清军占领北京城，6月15日摄政王多尔衮下达"清城令"，将内城原住官民全部驱赶至外城及郊外，其中正阳门以内为皇城和官廷区域，将内城原以九门为标志划分为9块，另外八门以内分驻清军八旗官兵和家属，号称"京旗"。清初的八旗军作战以骑马射箭为主，因此各旗都设有修造弓箭马具的工匠营。雍正八年（1730年）曾有谕旨，"五匠俱著出征，行围所需，命定期考验，其技艺不精者期限学习"。京旗五匠的构成为：弓匠1118名，铁匠1113名，鞍匠447名，盔匠222名，铜匠23名。雍正时期的编制，"匠"指师傅，徒弟助手人数在外。北弓匠营胡同所在的东直门内至朝阳门内区域为正白旗辖区，因此设在这里的弓匠营当属为正白旗服务的军工生产机构。

北弓匠营胡同现已消失，在原址上建成了面朝二环路东直门南大街的高楼大厦。

北弓匠营胡同今貌　2007年10月

作品取材于1996年1月　尺寸：83.5×56厘米

消失的胡同——铅笔画中的北京风貌

北新仓二巷

北新仓二巷，位于北京市东城区东直门内大街南侧，明代属北居贤坊管界，清代属正白旗辖区。

在东直门内大街和北新仓胡同之间，有5条南北走向的小胡同，称为北新仓一巷至北新仓五巷，北新仓二巷即其中之一。《清史稿·职官志》记述，南方出产的粮食经过大运河运到北京通州以后，由户部总督仓场侍郎管理转运和仓储事务。总督仓场侍郎满汉中各一名担任"坐粮官"，在通州具体经办粮食验收入仓及向京城转运。"司长级"的满汉待郎中各一名担任"坐粮厅"，在通州设有中仓和西仓2个"通仓"，在京城设有北新仓、禄米仓、南新仓、旧太仓、兴平仓、海运仓、太平仓、本裕仓、储济仓、丰益仓等11个"京仓"，合称"京通十三仓"。其中的北新仓即因临近北新仓胡同和北新仓二巷而得名。北新仓胡同和北新仓二巷皆因临近北新仓粮仓而得名。《清史稿·礼志》记述，清代在通州的西仓和京城的海运仓、储济仓里都设有供奉"仓神"的庙堂，定期由总督仓场侍郎率领京通十三仓监督去祭祀，还要对司仓神祭行二跪六拜的大礼。《光绪顺天府志》收录的乾隆时期通州坐粮厅官冯应榴所著《潞河督运图题记》，讲述了通州运粮储粮的繁忙景象。潞河是北运河在通州境内河段的称谓，沿潞河而来的漕船尚未停靠码头，就有差役乘小船前去采取粮样，呈送坐粮厅检验之后，根据粮食质量指定码头停靠卸船。到旧南门码头停靠的漕船，则在北门外的大石坝卸粮，入贮通州中仓的漕船，到新南门码头停靠卸船，入贮通州西仓的漕船，则在北门外的大石坝卸粮，人贮京仓的漕船，外侧漕船上的粮食由"水脚"运夫打过大石坝，装入停靠在里侧的驳船。驳船沿通惠河将粮食运到京城东便门下的大通桥码头卸粮，再由大通桥临督组织马车运到各京仓，专业运粮的工头叫"车户"。

在清末，有一种"粮耗子"专向车户挑唆，他们躺在粮仓的门外的车道上，阻止粮车通过。若是粮车欧于粮耗子的腿，而粮耗子又能不叫自已爬回家去，就算他终身吃粮。若是粮耗子临阵退缩躲开，还要供他终身吃粮。若是粮耗子临阵打一顿，从此失去吃粮资格。旧时还有大群紧邻着粮仓的养鸽人，他们在粮仓附近盖楼养鸽子，训练楼鸽飞到粮仓去吃粮食。鸽子就会吐出粮食，还能拿多条养鸽人喂的鸽子喝咸水，鸽子就会吐出粮食，养鸽人自己不用买粮食。

1900年以后，漕粮改由天津卸船用火车运到北京，1912年清朝解体以后，政府不再向旗人供粮，京城各粮仓逐渐停止仓库，民国时期，北新仓改做陆军被服厂仓库，隔壁的海运仓则成为朝阳大学的校址。

此图所绘，是北新仓二巷里的一座小院。时值正午时分，院中叙静无人，老树浓阴，遮挡着炽热的阳光，破败的院落里，杂乱地堆放着陈旧的砖瓦和门板。一只小鸡啾啾叫着在树下觅食，令人联想起旧日飞到粮仓去吃粮食的鸽子，仓廒俱成往事，隆隆根车的鸽声，如今这一带已经改建成高楼林立的住宅小区。

北新二巷今貌　2007年10月

作品取材于2000年7月　尺寸：57×39厘米

消失的胡同——铅笔画中的北京风貌

北沟沿胡同

北沟沿胡同，位于北京市东城区东直门南小街西侧。明代属南居贤坊管界，清代属正白旗辖区。

相传东直门南小街和北新桥南北小街一线，旧时曾是一条排水沟，朝阳门南一直流到沟头，这条排水沟向南一直流到崇文门内的沟沿头，再旁出城墙注入崇文门外护城河。北沟沿胡同就因毗邻这条排水沟而得名。北沟沿胡同西侧原有明代粮食仓库新太仓，新太仓在清代被废弃，旧址上陆续出现了楼桔坑、八宝坑等地名，可见这一带过去曾是低洼地段。

到过北沟沿胡同的朋友，均对沿着墙根成排生长的大槐树留有深刻印象。这些大槐树紧靠着胡同西侧的院落墙篱种植，枝条皆跨越胡同向东方伸展，形成一条绿色走廊，每逢夏日，浓密的槐阴就遮满了胡同。

北沟沿胡同还以23号院的梁启超故居著称。梁启超一生多次来到北京。他于1873年出生在广东新会县。1884年12岁时在广州考中秀才，1889年17岁时在广州考中全省第八名举人，受到担任

主考官的清朝内阁学士李端棻赏识，让梁启超与李的堂妹李蕙仙订婚。1890年，梁启超与李蕙仙的堂妹李蕙仙订婚。1890年，梁启超首次到北京参加会试，未能考中进士。1891年，梁启超再次到北京时与李蕙仙成婚，暂住于宣武门外新会会馆。1914年，梁启超在清华大学讲学时，为清华提出了"自强不息，厚德载物"的校训。1922年，梁启超正式进入清华大学执教，1929年因病在北京去世。梁启超与夫人李蕙仙的合葬墓位于今北京植物园内东北角，墓碑和墓园是由他们建筑师的儿子梁思成设计的。

梁启超故居一角　2007年12月

作品取材于2001年10月　尺寸：56×41厘米

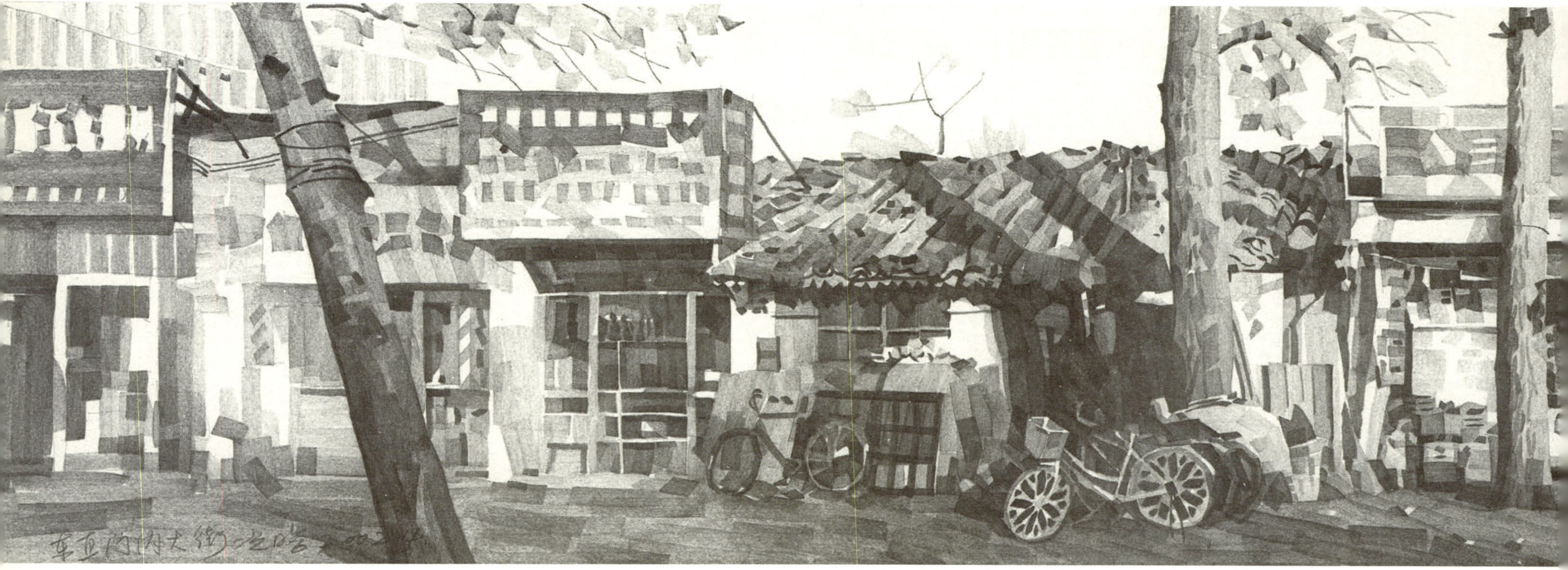

东直门内大街

东直门内大街，位于北京市东城区东直门立交桥以西。明代属北居贤坊管界，清代属正白旗辖区。

东直门内大街，是明清时期每年举行迎春活动的必经之路。立春，在古代农业社会是个重要的节气，是春季的起点和农事的开端。古人认为春神在东方，春天从东方来临，所以明清时期在东直门外一里处设有春场和春牛房，每逢立春时节都要去那里迎春。

春天的象征，是一个男童模样的“勾芒神”和一个用泥土塑造的春牛。人们事先在春牛房里塑造好身高4尺、身长8尺的春牛，牛腹中装满五谷杂粮。立春前一天，顺天府府尹率众到春场，将春牛和勾芒神抬着游街，途经东直门内大街再抬回位于交道口的顺天府衙门，叫做迎春。到立春当天再抬到皇宫里请皇帝观看，叫做进春。进春仪式后，春牛又被抬出游街，一路上任人们鞭打，以象征春耕即将开始，叫做“打春”。泥土塑造的春牛被打破后，腹中的五谷杂粮溢出，则象征着五谷丰登。

清《人海记》记述了东直门发生的一件怪事。康熙三十九年（1700年）四月十七日晨，城门开锁后，门扇却无论如何也推不开，耽搁到中午，东直门内大街和城门外面已经拥挤了数千人。后来九门提督指示守门官用一羊一猪祭祀了门神，城门才得以打开，但时间已到黄昏。

约在二十年前，东直门内大街两侧开办了许多餐馆，这些餐馆的生意越是到了深夜越会火爆，因此这条街被人们戏称为“鬼街”。后来“鬼街”又被取谐音雅化改称为“簋街”，因为“簋”是古代的一种青铜餐具，正好可以象征餐饮业。

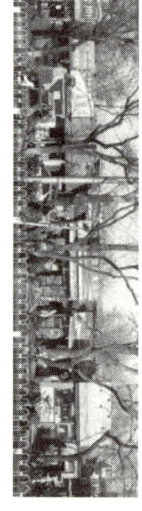

东直门内大街一角　2007年12月

作品取材于1996年11月　尺寸：116×20厘米

消失的胡同——铅笔画中的北京风貌

东手帕胡同

东手帕胡同,位于北京市东城区东直门北大街西侧。明代属北居贤坊管界,清代属镶黄旗辖区。

明代《京师五城坊巷胡同集》已记载有手帕胡同。1931年出版的《燕都丛考》记述,那时胡同已分为东手帕胡同和西手帕胡同。1965年北京整顿地名时,又将胡同东段的两个分支当铺胡同和万元胡同也并入了东手帕胡同。

老北京曾有许多名为"手帕"的手帕胡同,如西单路口西南侧的手帕胡同,崇文门外大街的手帕胡同等。年深岁久,不知这些叫做"手帕"的胡同,是否因当年曾有生产和出售手帕的店铺而得名。

此图所绘是位于东直门北大街西侧的东手帕胡同。现在这一带均已改建成高楼林立的新小区。

东手帕胡同今貌 2007年7月

作品取材于1997年5月　尺寸：116×20厘米

消失的胡同——铅笔画中的北京风貌

东羊管胡同

东羊管胡同，位于北京市东城区东直门北小街东侧。明代属北居贤坊管界，清代属镶黄旗辖区。

羊管胡同，明代《京师五城坊巷胡同集》述为"杨二官胡同"。因羊管胡同北走向的羊尾巴胡同分割为东西两段，故又称东羊管胡同和西羊管胡同，羊尾巴胡同在民国时期改称东扬威胡同。

清朝那时的明代皇族后裔曾住在羊管胡同。

清初，多次有人自称是明代皇族后裔，有些人被反清组织拥戴以提高号召力。清朝自称是明代皇族的人，往往冒称而其处死，以绝后患，数以万计的明代皇族后裔被清朝屠杀及清初儿十年战乱中几乎被斩尽杀绝。

康熙三十八年（1699年），清朝统治已经稳定，为安抚人心，康熙皇帝在第三次南巡途中到江宁府（明朝故都南京）祭奠朱元璋陵，授以职衔，以使明代皇陵得到明人祭祀。几个月后大臣回奏说，"明亡已久，子孙湮没无闻，今虽查访水难得实"。

提出要寻找明代皇族后裔，授以职衔，以便拜谒明陵。经查访得知，清正定府知府的镶白旗汉军旗人朱之琏为明代皇族后裔，将他的旗籍给入正白旗，那封朱之琏为一等侯爵，安置进京居住，世守明祀。据说朱之琏是朱元璋等十二子代王朱桂的后人，明崇祯十四年，朱彝随洪承畴出山海关与清军交战，兵败被俘，被编入镶红旗汉军旗籍，成为八旗汉军旗人。雍正二年朱之琏将朱之琏率北京明十三陵祭祀，主要职责是每年春秋两季到江宁府祭朱元璋陵及北京明十三陵祭祀，乾隆十四年，朱之琏元孙朱袭侯爵位的一等侯爵加号为一等延恩侯，并由子孙世代承袭。

清朝末代皇帝溥仪的英文老师庄士敦在《紫禁城的黄昏》里记述了1924年9月7日溥仪在故宫召见第十二任延恩侯朱煜勋的经历。

辛亥革命迫使溥仪退位时，袁世凯秉诺优存清室，规定溥仪继续保有皇帝尊号，其他王公爵位一概仍旧，因此溥仪仍在故宫里当末代皇帝也，朱煜勋也仍然保持末代延恩侯爵位。清室每年发给朱煜勋800银元经费，除养家糊口外，远远不够支出，穷因不堪朱煜勋进京朱煜勋进祖陵去他不起祖朱林，又去了地安门内油漆作作的羊尾巴胡同家里拜谒引见，那天朱煜勋（烟南）身着"明陵延恩侯朱煜勋"。

雍正二年（1724年），雍正皇帝指定时任正定府知府的镶白旗汉军旗人朱之琏为明代皇族后裔，将他的旗籍给入正白旗，那封朱之琏为一等侯爵，安置进京居住。

著名老记者萧乾的《北京城杂忆》里写道，"我是羊管胡同所生人。东直门一带长大的，头18岁，1987年骑同生人，东直门一带长大的。1995年前后萧乾又回掏通州，"我虽说是个老北京，18岁以前萧乾离开过，其实我最熟悉的还是我们东直门外的羊管胡同搬到菊儿胡同了。在我脑子里没留什么印象。家就离我现在我依稀记得门前有一溜树，还有一片空旷的草地，七十年代大的羊管胡同里，我先后两次去寻过根，连一棵树也没见到"。

东羊管胡同今貌　2007 年 10 月

作品取材于 2001 年 11 月　尺寸：84×56 厘米

消失的胡同——铅笔画中的北京风貌

明 亮 胡 同

明亮胡同，位于北京市东城区北新桥路口西南侧。明代属教忠坊管界，清代属镶黄旗辖区。

明亮胡同的前身，是明堂大院和堂子胡同。都从考》记述，明堂大院旁边有澡堂子胡同。《燕年北京整顿地名时，将明堂大院和堂子巷合并，改称明亮胡同。

明亮胡同北接交道口东大街，东邻东四北大街，是个闹中取静的地方。多年前在这里画速写时所感受到的幽深寂静的气氛，至今记忆犹新，那次运用的铅笔细碎笔触，画出了胡同里大树枝繁叶茂的效果。如今幽深寂静的明亮胡同一带，也已为新建的楼房和新开通的地铁车站所取代。

明亮胡同今貌 2007年12月

作品取材于1995年7月 尺寸：84×56厘米

消失的胡同——铅笔画中的北京风貌

香饵胡同

香饵胡同，位于北京市东城区交道口南大街东侧。明代属教忠坊管界，清代属镶黄旗辖区。香饵胡同，明代旧称"香胡同"，清代曾称"香儿胡同"。《京师坊巷志稿》记述，"一等续顺公等，在安定门街香儿胡同"。这里所说的安定门街，包括现在的安定门内大街及向南延伸的交道口南大街。

——等续顺公，名沈志祥，辽东人。《清史稿·沈志祥列传》记述，明末崇祯十年（1637年），沈志祥的伯父，镇守辽东海疆的总兵官沈世奎与清军交战兵败身死，时任副将的沈志祥因争夺总兵官空缺职位未遂，于清崇德三年（1638年）率部众2500余人投降了清朝。清太宗授予沈志祥总兵官职位，命他率部众驻守抚顺，又于次年封他为续顺公爵位。崇德七年（1642年），沈志祥被编

入正白旗汉军。顺治元年（1644年），沈志祥跟随摄政王多尔衮进军山海关，击败李自成，占领北京城，后在北京香饵胡同定居。

此图所绘香饵胡同87号院门楼，是一座等级颇高的"广亮大门"，门前有硕大的上马石，两侧有威严的八字墙，昔日当属权贵门第。古老的香饵胡同，现在大部分也改建成了住宅小区。

香饵胡同今貌　2007年10月

作品取材于2001年8月　尺寸：84×56厘米

消失的胡同——铅笔画中的北京风貌

文丞相胡同

文丞相胡同，位于北京市东城区交道口南大街东侧的府学胡同内。明代属教忠坊管界，清代属镶黄旗辖区。

府学胡同，因顺天府学所在地而得名。"府学"，是"顺天府学"的简称，是明清两代的顺天府府级学校。顺天府学旧址现为府学胡同小学。其东侧是纪念文天祥的文丞相祠，紧邻文丞相祠东侧的小胡同，现称文丞相胡同，旧称"靶儿胡同"。"靶儿胡同"有一种说法，巴儿胡同来自蒙古语。"巴"、"巴儿"意为"小"，"胡同"合起来就是"小井"。北京人将一种短腿小狗称为"巴儿狗"，可能"巴儿"确是"小"的意思。

文天祥，南宋吉州庐陵（今江西省吉安县）人，1256年21岁时考中状元。1276年元兵临南宋国都临安府郊外，朝廷任命临安府知府文天祥为右丞相出城议降。文天祥声称和不议降，遭元军扣留。文天祥逃脱之后，抗元军，于1279年在广东海丰兵败敌军元大都之后，在柴市附近的兵马司牢房关押，状元出身的文天祥，在关押期间书写了数日篇诗词文章，以抒发爱国情怀。1281年夏季，身陷牢房的文天祥，"七气"熏蒸中，文天祥的的暑气、腐气、秽气等"七气"，写下了千古名篇《正气歌》。1283年1月9日，拒不投降的文天祥在柴市街头被杀害。

1368年，明太祖朱元璋推翻元朝，元大都改称北平。1376年，北平按察副使刘崧在文天祥遇害的柴市一带街巷旧址大兴土木建了文丞相祠，并将街道命名为教忠坊，以纪念忠臣文祥。《明史·礼志》记载，文丞相祠与朝阳门外的东岳庙、北安门（清代改称地安门）西边的关公庙、北京阜成门内的"京师九庙"。

1949年以后，文丞相祠列为由皇家祭祀的"座祠胡同，至今在文丞相祠的庭院里，留有一株向南方倾斜的古枣树，那就是象征文天祥写作的"指南树"，当年文天祥在这里写作的《正气歌》诗篇，也镌刻在庭院的石壁上。

文丞相胡同15号院一角　2007年12月

作品取材于2006年9月　尺寸：78×56厘米

消失的胡同——铅笔画中的北京风貌

东棉花胡同

东棉花胡同,位于北京市东城区交道口南大街西侧。明代属昭回清恭坊管界,清代属镶黄旗辖区。

东棉花胡同,在明清两代旧称棉花胡同南七条,1979年为与西城区的棉花胡同相对应,改称东棉花胡同。

1965年曾改称交道口南七条,1979年为与西城区的棉花胡同相对应,改称东棉花胡同。

东棉花胡同最著名的建筑物当属15号院的青砖雕花大拱门。这座拱门位于老式四合院的二门位置,应系民国初期建成,拱门身雕满繁复华丽的纹饰,形制高大气派。相传此院原为清末官员凤山故宅,后因家道中落,售予民国新贵。凤山,镶白旗汉军籍旗人,1911年辛亥革命期间,奉派出任广州将军,10月25日,凤山抵达广州当日,被同盟会会员技挪炸弹击毙。

《燕都丛考》、《京华漫忆》(中国致公出版社2002年出版)记述,国务总理靳云鹏曾住棉花胡同。靳云鹏,山东省邹县人,北洋武备学堂毕业,曾任袁世凯的北洋军的师长,1919年至1921年,靳云鹏三次出任北洋政府的国务总理。《京华漫忆》(中国致公出版社2002年出版)记述,毛泽东率湖南省民众代表团来北京,行驱逐统治湖南的军阀张敬尧的运动时,曾于1920年1月28日莅临棉花胡同靳云鹏府邸,办理交涉抗议。

自从清末兴起"洋务运动"以来,在引进西方科技文化的同时,也引进了西方的建筑艺术。

清朝末年和民国初年,古都北京出现了不少采用西洋风格建造的楼房,如张自忠路执政府旧址内的清末陆军部和海军部,新文化街鲁迅中学内的清末京师女子师范学堂,宣武门外的前门楼子(正阳门箭楼),也于1915年改建时由德国建筑师罗斯凯格尔加上了西洋元素。东棉花胡同的这座青砖雕花大拱门,显然也是这段时期"欧风东渐"的产物。

其实就建筑风格而言,遍身洋气的砖雕大拱门与周边的老旧胡同院落并不协调,但是历经一个世纪的风雨过后,当年最时髦的"洋货"如今也变为难得的"古董",吸引了众多美术、摄影和历史地理爱好者前来"朝圣"。

东棉花胡同15号院大门 2007年10月

作品取材于2001年9月 尺寸:84×56厘米

消失的胡同——铅笔画中的北京风貌

花园北巷

花园北巷，位于北京市东城区安定门西大街南侧，明代属灵椿坊管界，清代属镶黄旗辖区。

花园北巷是花园胡同的分支。《燕都丛考》记载，在民国时期，这一带街巷有大佳子胡同、小佳子胡同、木楼园、天仙庵、花园，所谓"蒙古府"，是应于花园胡同的内蒙古达尔汉亲王的王府。

达尔汉亲王家族，是内蒙古科尔沁草原的部落首领，是成吉思汗皇族的后裔，清末的孝端文皇后均出自达一家族。清史研究学者冯其利所著《寻访京城清王府》记载，第十二代达尔汉亲王那木济勒色楞，于1931年"九一八事变"之后，离开北平沦陷区，住在花园胡同的王府里。1937年北平沦陷之后，他曾拒绝参加日伪政权。1951年73岁时在香港病逝。达尔汉亲王正式的王府设在他的家乡大草原上，花园胡同的王府只是他在北京的一处房产。据冯其利调查考证，当年的"蒙古府"虽然占地8亩，但是房屋不多，大部分庭院是空旷的园子，生长着花草，"花园"地名即源于此，而王府里保留空旷建筑蒙古包的习俗，是为了在举行宗教和祭祀仪式时搭建蒙古包。

蒙古贵族有在庭院里搭建蒙古包的习俗由来已久，元代汉人熊梦祥《析津志》"风俗"项记达："显宦之宅外，门内，多作皮帽屋，以其似皮帽之制也"，"宅外，门内"指庭院，"皮帽屋"即蒙古包。

前几年的一个下雪天，到花园北巷写生时，见到胡同里的房屋陈旧破败，到处是自建的小屋和堆放的杂物，只有一对小狗在雪地里撒欢，人想起古人咏雪的打油诗："黄狗身上白，白狗身上肿"。如今的花园北巷旁边真的建成了花园，蜿曲折的甬路旁，绿草如茵，花木扶疏，成为人们遛鸟、观花、散步、扭秧歌的好去处。

花园北巷10号院一角　2007年12月

作品取材于2002年12月　尺寸：82×57厘米

消失的胡同——铅笔画中的北京风貌

灵光胡同

灵光胡同,位于北京市东城区安定门西大街南侧。明代属灵椿坊管界,清代属镶黄旗辖区。

灵光胡同,旧称灵官庙胡同,因胡同里建有道教灵官庙而得名。灵官,是道教侍建庙里的护法神,通常在庙前面充当"警卫"的角色,可是在这座庙里,灵官却享受主神的香火,堪称罕见。

《造神史话》(百花文艺出版社2002年出版)记述,玄武大帝年轻时出家入山修道,其父净乐国王派五百军士去寻他回家。不料五百军士受到玄武大帝感召,留下来一同修道,最终成了百灵官。其中的首领是王灵官。明代永乐皇帝夺取皇位之前,发动"靖难之役"时,曾宣称自己是玄武大帝转世下凡。他在京城砖塔胡同南面大举建造道教庙宇,因此夺得皇位之后大修井胡同建造了"天将庙",将王灵官供奉为26名天将之首的玉枢火府天将。明宣德皇帝又将大德观升格为隆恩真君,明成化皇帝又将大德观升格为显灵宫。王灵官在显灵宫里十分神气,他的塑像身披锦缎袍服,每年四季都要更换。换下来的袍服积存到三年举办一次小焚化典礼,积存到十年举办一次大焚化典礼。由于王灵官具有玉枢火府天将的头衔,他在一些火神庙里又被尊为火神。

灵光胡同的灵官庙相传建于清代乾隆时期,今已不存。胡同里的老宅门却颇具特色。看这座刻满岁月痕迹的砖雕大门,其形制颇仿佛"如意门"的格局,门楣处却是一道拱券,非常别致。

灵光胡同31号院一角　2007年11月

作品取材于2002年12月　尺寸:41×56厘米

消失的胡同——铅笔画中的北京风貌

国子监街

国子监街，位于北京市东城区雍和宫大街西侧，旧称成贤街，清代属镶黄旗辖区，是一条元代古街，元代在这条街上兴建了国子监和孔庙。

明代属崇教坊管界，清代属镶黄旗辖区。

国子监街上兴建了国子监和孔庙。元代至元二十四年（1287年），在大都城东北部设立国家最高学府称为"太学"，国子监又称"太学"，忽必烈曾亲自挑选蒙古族贵族子弟去学习汉文书籍。

国子监一直沿用至明朝和清朝，《日下旧闻考》记述，明英宗时期，元代遗留的国子监已经破败不堪，吏部主事李贤上书皇帝说，明朝定都北京以来，建造了不少寺庙，但是国子监却因破败，实在不成体统，请将修庙的钱集中来重修国子监。明英宗正统九年（1444年）又劲工修建国子监的围墙和学生食堂，那时大门前面有一条小巷，小巷里有行脚僧的阴祠，官府出线买下了这口居民刘福以一块长七丈五尺，宽四丈的土地，建造了一座照壁以作为遮挡。

乾隆四十八年（1783年）再次重修国子监，在庭院新建了水池环绕的"辟雍"讲堂，建了大门口内两侧新题名为"国子监"的一对跨街牌坊。《清史稿·职官志》记述，国子监设管理监事大臣一名，由大学士或尚书和侍郎充任，相当于大学的"校长"，从四品察酒满汉各一名，意为人必拜孔子，全国各地县级。在封建时代，读书人必拜孔子，全国各地县级至县城均建有孔庙，并由皇帝亲临祭祀的先例。

1306年，忽必烈的孙子元成宗在国子监的东侧兴建了国家级的孔庙，并请华坐落国子监街上。1307年，元武宗加封的正殿均称为"大成至圣文宣王"，此后，京城及各地孔庙封的正殿均称为"大成殿"，即缘于武宗加封孔子诏书的石碑，至今仍立在孔庙的庭院中。

明清两代，孔庙的大门均称先师门，门内即祭祀孔子的大成殿。二门称大成门，仍保留着元代建筑木结构的特征。1723年，清朝雍正皇帝又加封孔子的五代祖先为王朝，这五代祖先的牌位都供奉在大成殿后边的崇圣祠中。在孔庙院里有一口水井，传文人者饮用此水之后，笔底生花，考出好成绩，乾隆皇帝命此井为"砚水湖"。

1315年，元仁宗首次开科取士，将取中的五十六名进士姓名、籍贯、名次题刻于石碑上，立在孔庙庭院中，此后的明朝，清朝都沿用了这做法。

元代共在孔庙立过九块进士题名碑，其中六块在明朝被磨去字迹，改刻为明朝的题名碑，所以现在孔庙名碑只有三块元代的进士题名碑，还有1904年各科进士共51624人的名字，题刻着目1315年至1904年各科进士共五百九十八块，清代进士题名碑一百一十八块，总共是一百九十八块，题刻着目1315年至1904年各科进士共51624人的名字，其间可以找到于谦、袁崇焕、纪晓岚、林则徐等人的大名。旧时的科举考试，原则上是三年一次，朝廷若遇有喜庆事宜，亦可开恩另加一次考试，称为"恩科"，意为开恩科考试。1904年清朝最后一次举办的一次"恩科"考试，这次因慈禧太后七十岁生日而举办的一次"恩科"，这次考试原本名列第一的是刘春霖。

湖南人谭延闿，名单呈报之后，慈禧见谭延闿是湖南人，顿时联想起"戊戌变法"中的湖南人谭嗣同，于是将谭降为第二甲第三十四名进士，谭延闿后来出任过南京国民政府主席。

二名失汝珍，谭汝珍当过雨水之年，属于大吉大利，当时正逢春旱，渴龙得雨水，让他当了第一名"榜眼"。慈禧太后认为刘春霖又值布龙飞"霖"字有雨水之意，既与明朝皇帝朱由检当了第一名"状元"，由刘春霖最后一次考试进士题名碑也遭搁置无人问津，1904年清廷宣布废止科举，1905年清廷宣布废止科举，无人问津，结果这是由未状元题名碑竖立在孔庙里土们自行凑钱镌刻了题名碑。

1954年至1956年，北京为改善交通拆除了19座跨街的牌坊，国子监街的四座跨街牌坊，"国子监"牌坊和东西向的一对"成贤街"牌坊，但这些牌坊已不是古代原物，民国时期被改为混凝土结构，竖立在国子监口的一对"国子监"牌坊也失所了，只存先前门里碑刻林，古槐掩映苍苔。

国子监今貌

作品取材于1996年8月 2008年5月 尺寸：54.5×39.5厘米

消失的胡同——铅笔画中的北京风貌

鼓楼东大街

鼓楼东大街,位于北京市东城区鼓楼以东至交道口之间,明代属昭回清恭坊等界,清代属镶黄旗辖区。

鼓楼东大街形成于元大都时期,沿街几处地名尚留有元代遗痕。如宝钞胡同,旧称"倒钞胡同",源自元代设在这里的倒钞库。元代《析津志》记述,大都路总管府以西有"崇仁倒钞库"。"钞"是元代发行的纸币,"倒"意为"倒换、更新",倒钞库是回收磨损破旧的纸币和更换新币。《元史·百官志》记述,元代户部下属"宝钞总库"、"印造宝钞库","交钞库",元代九品官员"监烧昏钞",即磨损模糊的纸币。明代沿用纸币,也有倒钞制度,《明史·食货志》记述,洪武"十三年,以钞用久昏烂,立倒钞法,令所在置行用库,许军民商贾以昏钞纳库易新钞",并按钞票面额收取百分之三的工本费。

宝钞胡同里边有个钞络胡同,旧称"沙拉胡同"。蒙古语称珊瑚为"沙拉",《析津志》记述,元代的钟楼附近有沙拉市,"一巷皆卖金银珍宝贝",可见沙拉胡同在元代当有珠宝市场。

鼓楼东大街东端的交道口,元代旧称"大都角头","角头"指街道尽头拐角处的路口,因元代的大都路总管府(相当于市政府)位于这个"角头"而得名。明,清的"市政府"——顺天府衙门也设在这个位置,这里至今仍留有清代的顺天府大堂。

鼓楼东大街西端的标志物即巍峨壮观的鼓楼,鼓楼和它背后的钟楼,是古代发布时间的权威机构。元大都时期的鼓楼和钟楼在旧鼓楼大街,现在的鼓楼和钟楼是明代永乐皇帝营造北京城时期重建的。

鼓楼东大街一角 2007年12月

鼓楼上原有1个直径1.4米的报时主鼓和24个直径较小的群鼓,均于1900年被八国联军毁坏,仅有1个破损的主鼓保存至今。现在鼓楼上陈列的25个新鼓,是2001年仿制的。

作品取材于2001年10月 尺寸:120×19厘米

消失的胡同——铅笔画中的北京风貌

南锣鼓巷

南锣鼓巷,位于北京市东城区鼓楼东大街南侧。明代属昭回靖恭坊管界,清代属镶黄旗辖区。

南锣鼓巷的历史可以上溯至元代大都时期,明代旧称"罗锅巷",相传因胡同道路两头大、中间高,状似罗锅而得名。《燕都丛考》记述,中锣鼓巷的后门开在南锣鼓巷。

洪承畴,福建省泉州府南安县人,24岁考中进士,后升任陕西参政,因镇压起义军有功,受到崇祯皇帝赏识,提升至巡抚、总督等要职,被誉为文武全才的重臣。

崇祯十四年(1641年),清军围改锦州,洪承畴率领13万兵马救援,兵败被俘,投降清朝,故编入镶黄旗汉军。清顺治元年(1644年),跟随多尔衮军入关攻占北京城,此后又出任"招抚南方总督军务大学士"官职,去南方镇压反清和招降抗清武装。顺治十六年(1659年),清军占领云南后,洪承畴保荐吴三桂镇守云南,之后因眼病发作,解职返回北京休养治疗,至今在南锣鼓巷59号院内的南房锯鼓,相传是洪承畴故宅的祠堂遗址。洪承畴于康熙四年(1665年)病死在南锣

南锣鼓巷一角 2007年12月

鼓巷,埋葬在西直门外车道沟。洪氏子孙在南锣鼓巷洪宅一直居住到民国时期,清末《天咫偶闻》记述,洪家后代曾中过进士,在洪宅大门上曾悬挂过"进士第"属。查《北京市志稿》,洪承畴的儿子洪士铭,他是顺治十二年(1655年)乙未科进士。《燕京访古录》记述,"洪承畴府第在后门外(地安门外)铁狮镶然独存,路东,今已废。唯府外之二铁狮尚在,府后门在南锣鼓巷,在方砖厂胡同东口外,乾隆十五年北京地图,尚居洪氏之子孙。"查阅清确有一个"铁狮子胡同",应是源于洪府留存的铁狮子而得名。

作品取材于1996年6月 尺寸:56×37厘米

消失的胡同——铅笔画中的北京风貌

豆腐池胡同

豆腐池胡同，位于北京市东城区钟楼北侧。明代属金台坊管界，清代属镶黄旗错区。

豆腐池胡同，明代旧称"豆腐陈胡同"，相传因有陈氏豆腐坊而得名。豆腐池胡同最著名的宅门，当属15号院杨昌济而故居。

杨昌济，别号杨怀中，湖南长沙板仓人，1903年至1913年赴日本、英国、德国留学考察，归国后在湖南省立第一师范学校任教，是毛泽东的回国老师。斯诺所著《西行漫记》记达了毛泽东的回忆："我在1912年进师范学校，1918年毕业。""给我印象最深的教员是杨昌济，1918年在师大教授伦理学，是一个唯心主义者，一个道德高尚的人。他对自己的伦理学有强烈信仰，努力鼓励学生立志做有益于社会的正大光明的人。"

1918年6月，杨昌济应蔡元培聘请，到北京大学教授伦理学，全家迁居于北京豆腐池胡同15号院，当时门牌为9号，门口挂着"板仓杨寓"的名牌。杨寓前院靠着大门有三间南房客厅，屏门内的中院里，杨昌济住三间北房。慧住三间东房，后院四间北房住着杨家的亲属。1918年8月19日，为办理湖南学生赴法国勤工俭学事宜，毛泽东首次来到北京，就住在杨寓前院的南房客厅里。

汪东林的《梁漱溟与毛泽东》（湖北人民出版社2003年出版）记述，1938年赴延安见到毛泽东，毛泽东第一句话就说："梁先生，我们早就见过面了，您还记得不记得？民国七年（1918年）在北京大学，那时您是大学讲师，我是小小图书管理员，您常来豆腐池胡同杨怀中先生家串门，总是我开的大门。后来杨怀中先生病故，我也成了杨家的女婿。"梁漱溟频频点头，连声说："是的，好记忆，有达事，有达事。"

豆腐池胡同15号院一角　2007年11月

作品取材于2002年8月　尺寸：71.5 × 47厘米

消失的胡同——铅笔画中的北京风貌

张旺胡同

张旺胡同，位于北京市东城区旧鼓楼大街东侧。明代属金台坊管界，清代属镶黄旗辖区。

张旺胡同，旧称张望儿胡同，张帽胡同。末代皇帝溥仪的英文教师庄士敦曾住在张旺胡同。庄士敦，英国苏格兰人，本名雷金纳德·弗莱明·约翰斯顿，"庄士敦"是他按"约翰斯顿"的谐音取的中文名字。庄士敦曾在牛津大学学习东方历史和古典文学，获文学硕士学位，曾任香港总督秘书和山东威海卫英国租界行政长官。1918年来到北京，由溥仪七叔载涛和李经迈介绍，做丁溥仪的英文教师，月薪1000银元。

溥仪七叔载涛之子溥佳，曾担任溥仪的英文伴读，他在1964年所作《清宫回忆》中记述，1918年夏季，庄士敦拜访时说，"我每天下午到宫里教英文，上午一个人在家也没有事，就叫他（溥佳）上午到我家学英文吧"，"从此我每天上午就

张旺胡同19号院一角　2007年11月

到张旺胡同庄士敦的家里去学英文了"。溥佳回忆说，庄士敦"住着一所有三十多个房间的大宅院……那五间大厅里，摆的全是由地板到顶棚的大书架，书架上我看没有万卷，也有五六千卷。无论我什么时候到他那里，总是看见他坐在那张特制的书桌旁读书"。后来为了进宫方便，庄士敦搬到了地安门内大街油漆作胡同1号院。

作品取材于1999年10月　尺寸：56×41厘米

消失的胡同——铅笔画中的北京风貌

国旺胡同

国旺胡同，位于北京市东城区旧鼓楼大街东侧。明代属金台坊管界，清代属镶黄旗辖区。

国旺胡同，明代旧称酒醋局外厂，清代简称酒醋局。《明史·职官志》记述，明代设有由太监掌管的为宫廷服务的四司、八局、十二监，合称"二十四衙门"，酒醋面局为其中之一。明末《酌中志》记述，"酒醋面局处岁供糯米、小麦、黄豆及谷草、稻皮、白面有差，以备御前宫春及各衙门内官之用"。

地安门内的东板桥东巷，以前也叫酒醋面局，那是明代酒醋面局的"局本部"所在地，而国旺胡同的酒醋局外厂，则是加工保管酒醋和米面的场所。

国旺胡同西侧的旧鼓楼大街，在元代是大都城的中心地带，大街南口的元代鼓楼和大街北口的元代钟楼之间曾是繁华的市场，沿街两侧曾有密集的商铺和作坊，留下许多颇具商业气息的地名，如汤锅胡同，豆腐陈胡同，北醋儿胡同和碾

国旺胡同一角　2007年10月

儿胡同等。明代初期缩城池规模，北城墙由元大都的健德门和安贞门一线南退五里，改建于德胜门至安定门一线，以往的繁华闹市变成了"北城根儿"下的闲街冷巷。尘埃落定，铅华褪尽，这一带少了些喧闹，东多了些幽静。

那年到国旺胡同写生时，恰逢一场京城罕见的鹅毛大雪，幽深的胡同里只见到雪花的洁白和砖瓦的灰暗。面对此景，仿佛一篇古诗从天外飘落："千山鸟飞绝，万径人踪灭。孤舟蓑笠翁，独钓寒江雪"。

作品取材于2006年2月　尺寸：56×41厘米

消失的胡同——铅笔画中的北京风貌

北锣鼓巷

北锣鼓巷，位于北京市东城区鼓楼东大街北侧。明代属灵椿坊管界，清代属镶黄旗辖区。南锣鼓巷的名称，因胡同旧称"罗锅巷"而演变形成，但北锣鼓巷没有这样的传承。北锣鼓巷的名称，它是因位于南锣鼓巷的北边而得名。北锣鼓巷也是一条古老的街道，沿街两侧排列的胡同，其名多于明清时期即已存在，如东绦胡同、千福巷、即家胡同、琉璃寺胡同、车辇店胡同等。

千福巷，在北锣鼓巷路西，清代称为千佛寺胡同。因有元代古庙千佛寺，清代管理铸造钱币的机构户部宝泉局，下属有4个造币厂，"东作厂在东四牌楼四条胡同，南作厂在钱粮胡同，西作厂在东（北）锣鼓巷千佛寺旧闻考》记述："北作厂在北新桥三条胡同"。千佛寺胡同，俗称为"钱局"。1965年改称为千福巷。

北锣鼓巷路东的车辇店胡同，明代旧称为"清洁店，那时胡同里有个"净车厂"，是皇家的车辇

北锣鼓巷北出口今貌　2007年11月

车队"所在地。"净车"，就是清运粪便和垃圾的马车。清洁工人称为"净车"，往往由犯错受罚的太监充任。明末《酌中志》记述，皇宫里使用的大监充任。明末《酌中志》记述，皇宫里使用的初四日、十四日、二十四日这三天，大开皇宫的初四日、十四日、二十四日这三天，大开皇宫的北门，由净军赶着净车进宫清运粪便和垃圾。这些粪便和垃圾都数运到安定门外的农村去做肥料。

作品取材于2006年10月　尺寸：84×56厘米

消失的胡同——铅笔画中的北京风貌

鼓楼西大街

鼓楼西大街,位于北京市西城区鼓楼以西至德胜门之间。明代属日忠坊管界,清代属正黄旗辖区。

鼓楼西大街沿着什刹海后海(元代旧称积水潭,亦称海子)北岸依地势而建,呈东南至西北倾斜走向,因此这条街在元代就叫斜街。元代积水潭是通惠河的终点码头,南方来的货船由通州经通惠河到此卸货,因此在积水潭北岸的斜街形成了繁华的市场。元代《析津志》记述,"斜街临海子,率多歌台酒馆,有望湖亭,昔日皆贵官游赏之地"。从斜街至鼓楼和钟楼(元代的鼓楼和钟楼在今日鼓楼大街)一带,有果木、饼面、柴炭、器用之属。铁子市、帽子市、鹅鸭市。西的第一条巷子里有珠子市,在钟楼前街路西的第一条巷子里有珠子市,在钟楼后边有靴市,

出售皮靴及制靴所需的各种材料,附近还有一处穷人聚集等候向雇主出卖劳动力的场所,称为穷汉市,而在鼓楼下边,则有多家专卖缝衣针的针铺,至今在鼓楼西大街上还有一处地名叫果子市,是民国时期的水果市场。

鼓楼西大街一角 2008年2月

作品取材于1995年4月 尺寸:54×41厘米

消失的胡同——铅笔画中的北京风貌

铸钟胡同

铸钟胡同，位于北京市西城区鼓楼西大街北侧。

明代属日忠坊管界，清代属正黄旗辖区。

铸钟的旧名，明代旧称铸钟厂，因设有铸造大钟的工厂而得名，现在钟楼上悬挂的大铜钟及大钟寺里的永乐大钟均出自此处。明末清初的学者孙承泽所著《春明梦余录》说，在他那个时代，铸钟厂尚有明代遗留的十几口大钟，高度达二丈余，横七竖八地倒在院子里。

明代钟楼最初悬挂的是一口大铁钟，因音色不好被替换下来，一直闲置在鼓楼后边，现存于大钟寺。相传，为钟楼铸造现在悬挂的达口大铜钟时，屡次未能成功，铸钟厂为纪念这位大铜匠领班的女儿情急之下，投身熔炉，建造了"金炉圣母铸钟娘娘庙"。其实古代没有大型熔炉，铸造大型器物时，都是用许多小熔炉同时融化铜，然后将铜液集中倾入铸造模型。传说虽然离奇，但娘娘庙确实存在，遗址就在铸钟胡同旁边的小黑虎胡同24号院，残存的大殿已于2000年前后拆除，拆下的木料直径将近1米。

在清代，钟楼和鼓楼上撞钟击鼓的工作由銮仪卫（皇家仪仗队）的旗鼓手负责。每晚的一更和五更，都要击鼓撞钟各108响，这108响的分为前后两节，每节54响，节奏是"紧十八，慢十八，不紧不慢又十八"。二更至四更，则是只撞钟，不击鼓。

1924年，末代皇帝溥仪被逐出皇宫，仪仗队随后解散，钟楼和鼓楼上不再用钟鼓报时。此后，北京市政当局改为每天中午在宣武门城墙上鸣放大炮报时，称为"午炮"。

铸钟胡同今貌　2008年4月

作品取材于1997年3月　尺寸：84×55厘米

消失的胡同——铅笔画中的北京风貌

烟袋斜街

烟袋斜街，位于北京市西城区地安门外大街西侧，明代属日忠坊管界，清代属正黄旗辖区。烟袋斜街，因清代开设有多家烟店而得名。其名称在清《京师坊巷志稿》已有记述，并且注明在烟袋斜街后面还有一个"烟儿胡同"。

烟草原产于美洲，称做"淡巴菰"。哥伦布航海发现美洲新大陆之后，烟草传入欧洲，西班牙侵占菲律宾岛时，在菲律宾种植烟草。明代由菲律宾传入中国南方沿海地区。相传明嘉靖时期，戚继光军队北上驻防长城时，将吸烟习惯带到北方。当时称为"吃烟"。因为北京又称"燕京"，明朝皇帝认为"吃烟"谐音"吃燕"，不吉利，曾禁止"吃烟"，但是禁而不止。

"烟袋"，就是中国老式的烟斗。既指吸烟用的"烟袋锅"，也包含装烟叶用的荷包。清朝八旗时期的旗人，或是在官府当官差，或是在旗军做兵做将，每个人都有稳定的工作和收入，其家属自出生起也有一份固定的"钱粮"，因此旗人对吸烟喝茶与衣食穿用皆十分考究。那时流行的高档烟嘴，要用白铜做烟锅，与木做烟杆儿，翡翠做烟嘴。上品的烟叶，须是东北出产的"关东烟"。当年的烟袋斜街，就因烟店聚集而闻名，绸缎绣花、装烟叶的荷包，或用鹿皮做缝制，或上朝同东口路北高台阶上的烟店老房门前，还立着一支1米多高的木制烟袋模型，是昔日遗留的烟袋铺幌子。

因而胡同呈弯曲状。由于胡同东口面临着旧京内城三大商区"东单、西四、鼓楼前"之一的鼓楼商市区，烟袋斜街在老年间相当繁华，街上密布着古玩店、茶馆、饭馆、酒铺，并有闲人雅属开设的。在街南面临什刹海边，曾有一座"鑫园澡堂"，相传是由李莲英亲属所开、木结构的集春居浴所"临河第一楼"的大厦。旧京民俗专家金受申先生的文章里说过这座酒楼的主人是前清内务府的旗人。这座酒楼在1965年时尚在，沉寂多年后的烟袋斜街，胡同里的房屋一度破败不堪，改革开放使烟袋斜街重启生机，如今，斜街不仅又有了烟具店铺，而且是吃穿玩乐样样俱全，变成了名动京城的旅游商业街。

烟袋斜街今貌　2007年10月

烟袋斜街之春　作品取材于1995年3月　尺寸:85×56厘米

消失的胡同——铅笔画中的北京风貌

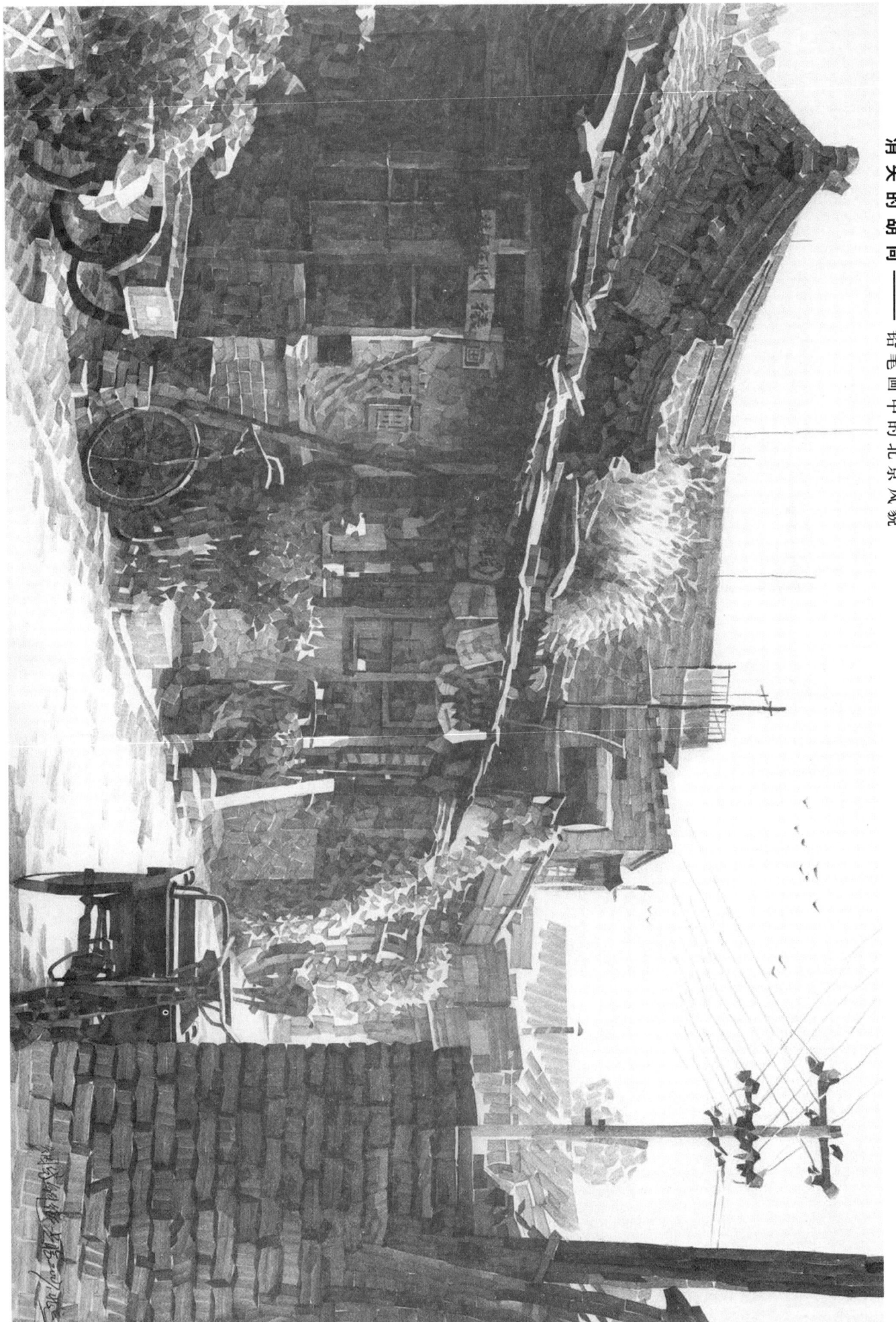

烟袋斜街之夏　作品取材于1995年8月　尺寸：85×56厘米

烟袋斜街之秋　作品取材于1994年10月　尺寸：85×56厘米

消失的胡同——铅笔画中的北京风貌

烟袋斜街之冬　作品取材于2006年1月　尺寸：85×56厘米

消失的胡同——铅笔画中的北京风貌

小石碑胡同

小石碑胡同,位于北京市西城区烟袋斜街西端,明代属日忠坊管界,清代属正黄旗辖区。

大致南北走向的小石碑胡同,与大致东西走向的大石碑胡同呈"丁"字形连接,在清代统称石碑胡同。1925年,大致东西走向的石碑胡同主干被改称为大石碑胡同,其向南经过烟袋斜街西口的分支改称为小石碑胡同。

石碑胡同得名,可能源自明末崇祯皇帝题写的一座石碑。《燕都丛考》引用与它同时期协和修道道院《晋董颂记》云,"德胜门大街大石碑胡同有明毅宗赐曹化淳御笔草书碑,高丈余,宽径五、六寸,笔势挺秀。落款是'崇祯戊寅八月谷旦'。"明毅宗"是崇祯皇帝死于北京之后,南京的南明政权追尊给他的庙号,"戊寅"是崇祯十一年,即1638年,曹化淳是司礼监印太监。1644年李自成围攻北京城时,崇祯皇帝不再信任文臣武将,而是派遣太监头目们分别防守各个城门,恰是很受皇帝赏识的太监头目曹化淳开广宁门(即后来的广安门)投降,将李自成军队放入城内。

不过,广化寺位于小石碑胡同西面向南的鸦儿胡同,与大石碑胡同尚有数百米距离,不知为何《晋董颂记》说"大石碑胡同协和修道院,故广化寺的地产"。也许当时的协和修道院,是归属于广化寺的地产。《什刹海志》(北京出版社2003年版)"教堂、修道院"条目下云,"华北协和修道院,鼓楼西大街50号,久已不存"。

小石碑胡同南口,紧邻着银锭桥的桥头,桥头西侧是什刹海的后海北沿,桥头东侧是前海东沿,是个交通便利的地方。由于小石碑胡同与烟袋斜街相通,近年来也发展成为热闹繁荣的旅游商业街。

小石碑胡同今貌 2007年10月

作品取材于1995年10月 尺寸:56×41厘米

消失的胡同——铅笔画中的北京风貌

银锭桥

银锭桥，位于北京市西城区什刹海的前海与后海交界处。明代属日忠坊管界，清代属正黄旗辖区。

银锭桥名称，至迟在明代即已存在，因桥头两端都筑有"八字形"的坡道，桥身中间零两头宽，形似银锭而得名，所以《京师坊巷志稿》说是"桥以形名"。

银锭桥横跨前海和后海之间的最狭窄处，周边水域在元代叫积水潭，又叫海子，元代官廷仪仗队使用的大象都养在岸边的象房里，每逢夏季伏天，象房官员就带大象到海子去洗澡，成为一大景观。元代诗人朱翎在《过海子观浴象》诗中写道："四蹄踽如柱鼻垂云，踏碎春泥乱水纹。鹭鸶鹈鹕（音"西赤"、"交京"，均为水鸟）轩成群，一时惊散不成群，可见那时的海子水鸟成群，风光秀丽。

明代的海子西岸称为"西涯"。在西岸住过的大学士李东阳是著名诗人，他写下《西涯杂咏十二首》诗稿之后，西涯名声大振，文人们总结出"西涯八景"，居于首位的就是"银锭观山"。在未

银锭桥今貌　2007年12月

建楼房的老年间，置身于银锭桥上，在小桥流水之间举目西望，远山层峦叠嶂，近海绿柳垂丝，水面鸥鹭掠影，眼底茶幡酒旗，洵为闹中取静，驰目骋怀的赏心乐事。

夏日的银锭桥，凝重沉毅，水平如镜，老树皆孙，绿阴掩映倒影宛如画图，真是"欲将西湖比西子，浓妆淡抹总相宜"。不过，据古建专家孔庆普《北京古桥和银锭桥》文记述，始建于明代正统年间的银锭桥经1918年、1950年、1953年、1987年和1992年多次改建、重建，已经远非原貌了。

作品取材于2006年12月　尺寸：56×41厘米

消失的胡同——铅笔画中的北京风貌

前海东沿

前海东沿，位于北京市西城区什刹海前海东岸，明代属日忠坊管界，清代属正黄旗辖区，是什刹海前海东岸边的一条临湖街道，旧称"湢湢沿"，路东有义湢湢胡同。现在的什刹海分成前海、后海、西海三部分，元代统称积水潭，又叫海子，金代及元代大都水系中有闸河，在元代称通惠河，这片水域由通州向金中都及元大都运输粮食的运河。

什刹海缘何得名，至今尚无确考。崇祯八年（1635年）的《帝京景物略》刊印于万历年间，有三藏法师创建的寺庙，名为"十刹海"，这座寺庙的遗迹在今海西北岸鸦儿胡同里的广化寺院内。位于后海北岸广化寺石碑，碑文说"都城西北隅有万历年间重修广化寺，故名。广化寺者，十刹之一"。这是什刹海因丛林十庙而得名的文字依据。然而旧时环海的寺庙多过十座，《青箱顶记》说张之洞晚年住在诗集前海南岸的白米斜街，清末名人张之洞在前海东岸十座寺庙面前得名的

什刹海称为"石闸海"。由于在什刹海东岸著名的万宁桥下，确有一座元代用石材砌筑的水闸，名为"澄清闸"，张之洞关于"石闸海"的说法颇有道理。

什刹海近可观荷，远可观山，芦苇丛生，水鸟翔集。自元代起就吸引着文人墨客的游踪诗趣。元代著名书法家赵孟頫有"小姬劝客倒金壶，家近荷花似镜湖"诗句，元代著名诗人萨都剌有"小海银鱼吹细浪，层楼珠酒出红蕖"诗句，都是吟咏海子风光的。《帝京景物略》记述明代的什刹海水面方圆三四里，深处多鱼，浅处多荷花菱芡，沿岸遍布古刹、亭台、别墅、园林，夏日荷花盛开，人们南地而坐，赏花唱歌。七月十五日"中元"之夜，人们在水面放荷灯，燃放大量鱼形鸟状的烟花，以致将荷花荷叶都烤焦了。冬日水面结冰，们乘坐冰床往来冰上，饮酒赏雪，胜过南方的西湖春，秦淮夏，洞庭秋。

明代文人将什刹海周边的景观命名为"西涯八景"，其中一景"谯楼更鼓"，说的就是什刹海遥望鼓楼和钟楼的景致，旧时什刹海高大房屋遮挡视线，即使在远处的海子亦无能望见雄伟的鼓楼和巍峨的钟楼。钟鼓的身姿，隔着海子岸边葱翠的垂柳，倒映在什刹海的水面上，赢得多少诗人的佳句。在京城繁杂喧闹的闹市中难得的佳境。清代康熙年间部尚书高珩，曾有吟咏什刹海风光的诗句，"酒家亭畔晚渡船，万顷玻璃鉴楼前。一便欲过溪东渡去，笙歌直到鼓楼前。"

的身姿，隔着海子岸边葱翠的垂柳，倒映在什刹海的水面上，赢得多少诗人的佳句。人夜，鱼跃鱼游的荷面，鸟眼芦丛回荡起鼓楼和钟楼悠长的钟鸣，在京城繁杂喧闹的市井巷团团包围之中，钡静幽暗的水面上为一处难得的佳境。

清代的诗句，"酒家亭畔晚渡船，万顷玻璃鉴楼前。一便欲过溪东渡去，笙歌直到鼓楼前。"

前海东沿今貌　2007年11月

作品取材于1997年10月　尺寸：56×41厘米

消失的胡同——铅笔画中的北京风貌

万宁桥

万宁桥,位于北京市西城区地安门外大街中段的什刹海前海东岸。明代属日忠坊管界,清代属正黄旗辖区。

万宁桥始建于元代。什刹海的前身,与北京城的前海、后海、西海,在元代同样古老,统称为"积水潭",也叫"海子",但那时的水面远比现在宽阔。元代起初被建在位于今北京市宣武区的金中都旧址上建的都,后因那里城池残破,水源不足,改在水源充沛的积水潭周边建造了大都城。

《元史·郭守敬列传》记述,元初每年秋雨季节,通州向大都运粮,正值秋雨连绵时节,用于运粮的驴牛死亡无数。都水监长官郭守敬主持开挖了由通州至大都城里的运河,运粮船可以直抵大都城里新建的"万亿库"粮点积水潭,将粮食存入岸边的"大仓"。至元三十年(1293年)运河完工,元世祖忽必烈视察积水潭,正值水面停满了运粮船,大悦,(佥)名曰通惠河,赐号守敬的万二千五百顷为调节水应,郭守敬又在积水潭东岸通惠河起点处建造了木结构的水闸,即海子闸。

《元史·河渠志》记述,1295年,海子闸更名为"澄清闸",1330年,又用石材重建了与石桥连为一体的澄清闸,更名为"万宁桥",但人们总是习惯称之为"海子桥"。

清代的地安门,在明代称北安门,《易经》"厚德载物"之文称"厚载门",俗称"后门",是皇城的后门。位于后门之外的万宁桥,是元代取名"万宁",是皇城的后门,俗称"后门桥"。

万宁桥今貌 2007年5月

又被人们俗称为"后门桥"。

2000年在清理万宁桥下淤积多年的泥土时,露出了桥身西侧的澄清闸,闸口还保留着当年用于插置闸板的石槽,以及用于提升闸板的驳岸上,精美的镇水石兽。在桥洞两边的石槽,保留有雕刻车框架。在桥洞两侧的石兽,其中东边那个石兽刻精美的石质绞原物,维修之后的万宁桥,两侧栏板柱颜色深浅不一,新旧相间。那些破旧栏板望柱都是刻意保留下来的古代原物。

老北京流传一则谜语:"火烧潭柘寺,水淹北京城",前者指潭柘寺煮饭的大锅,锅底铸有"北京城"三字,每日被壮火熏烧,后者指万宁桥下刻有"北京城"三字,长年在水中浸没。还有一个说法:后门桥下埋着一个石马,长桥下埋着一个石马,是北京城中线的象征物,前门正阳桥有着七百年历史的万宁桥,留下的故事真是一言难尽哪。

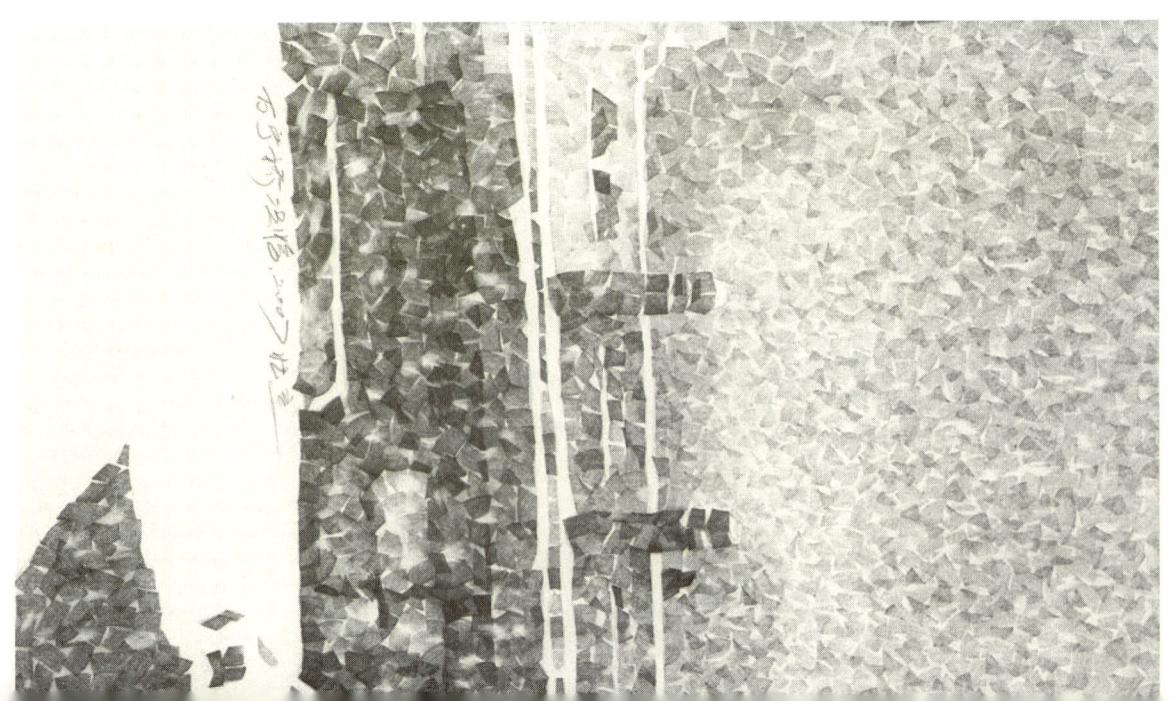

作品取材于2006年2月 尺寸:97×38厘米

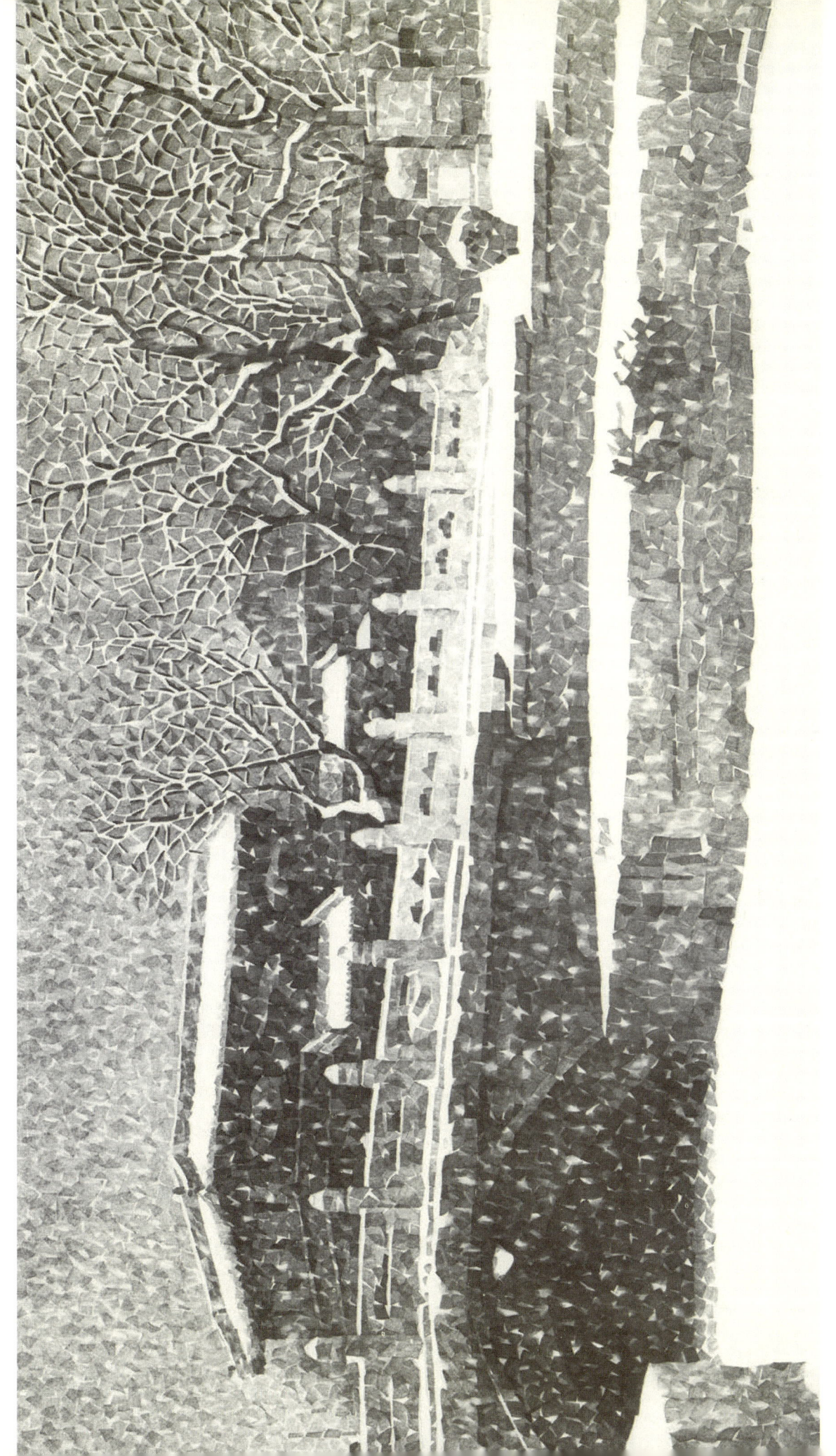

消失的胡同——铅笔画中的北京风貌

鸦儿胡同

鸦儿胡同，位于北京市西城区什刹海后海北岸。明代属日忠坊管界，清代属正黄旗辖区。

鸦儿胡同在明代旧称为"广化寺街"，清初因广化寺街南边的后海北岸称为"后海河沿"，故广化寺街被俗称"沿儿胡同"，后改称"鸭儿胡同"，又演变为"鸦儿胡同"。

鸦儿胡同里最为著名的古建筑就是始建于元代的广化寺。据《什刹海志》（什刹海研究会、什刹海景区管理处编，北京出版社2003年出版）记载，明代有个道济舟和尚出任广化寺住持，他闭关修行20年，每日不停地音诵佛号，道一声，即积米一粒计数，20年来积米达48石。济舟和尚募集到大量资金翻建了广化寺。明清两代又有多次翻修扩建。规模庞大的广化寺占地20余亩，拥有殿宇房至300余间，成为京城名刹。广化寺所在的鸦儿胡同南侧为什刹海，关于什刹海名称来历有个广为流传的说法，说是海子周边因有十座明代万历年间重修的古刹，什刹海、广化寺里有一座明代万历年间重修的

化寺碑，碑文说广化寺就是那十座古刹之一。由于广化寺房屋颇多，清光绪三十三年（1907年），时任军机大臣兼管学部的张之洞在广化寺开办了编译局，此后又在广化寺筹建京师图书馆，阅览室就设在藏经阁楼下的殷若堂。1912年5月5日，鲁迅由南京来到北京，在教育部管理图书馆和博物馆的社会教育司任科长，鲁迅曾参与京师图书馆的筹建和管理工作，并多次来过广化寺。《鲁迅日记》1912年8月20日记述，"上午同司长并本部同事四人往图书馆，阅敦煌石室所得唐人写经，饭于集贤楼。下午四时始归寓"。统计1913年2月17日至5月29日的《鲁迅日记》，这段时间鲁迅去广化寺京师图书馆6次，其中5月16日那次，"午后同夏司长乘图书馆，又步行至什刹海半周而回"。

1946年，在广化寺内开办了小学校，由曾在法国留过学的鸦儿胡同和尚担任校长。1956年，广化寺小学改为鸦儿胡同小学分校。校址由寺内移至后院的弥陀院。弥陀院的大殿里有一座重达万斤的明代万历年手千眼观音菩萨铜像，当时为将大殿改建成教室，砌筑了一道夹墙，将

观音铜像封闭在墙后。1989年夏季，在建国40周年国庆节时对外开放的颐和园管理处决定将佛香阁原有的慈禧太后时期的泥塑佛像已于"文革"期间被毁，经知情人士提供线索，封闭在广化寺所的观音铜像，管理处决定将阁安放。弥陀院当年是先立铜像，后建大殿，将万斤铜像搬出该院容易，不过工程人员还是赶在国庆节前完成了任务。铜像起运往颐和园时，广化寺僧人举办了送别法会。

鸦儿胡同35号院一角 2007年11月

作品取材于2004年7月 尺寸：85×56厘米

消失的胡同——铅笔画中的北京风貌

小翔凤胡同

小翔凤胡同，位于北京市西城区什刹海后海南岸。

明代属日忠坊管界，清代属正黄旗满洲旗籍。

小翔凤胡同的南侧还有大翔凤胡同，在清乾隆十五年（1750年）的《京师全图》上，这里被标注为"墙缝胡同"。有不少朋友认为，"墙缝"是指恭王府围墙与隔壁王府围墙之间形成的狭窄通道，但是在乾隆十五年，不要说恭亲王尚未出生，况且当时这里没有其他王府，也未出现，《京师全图》在墙缝胡同周边还值得研究。明代宫廷使用的柴炭，由设在西安门外的大通厂、西煤厂、煤厂、新西厂等多处场所，以听关支（发放）"煤"。不可能是私营煤铺，而古地广阔的"煤"，"贮收柴炭"的场所。此外，清初在墙缝胡同南侧，还有明代内府供用库贮存物料的"供用厂"旧址，可能正是这些"厂"的围墙，构成了夹在其间的墙缝胡同。

和珅家族其属正红旗满洲旗籍，因此他居住在正红旗辖区内的驴肉胡同，即今西四北头条胡同。乾隆四十五年（1780年），乾隆皇帝将女儿和孝公主赐婚给和珅之子，又将和珅的旗籍由正红旗抬入正黄旗，因此和珅有资格在正黄旗辖区内的墙缝胡同南侧供用厂旧址上建造新的府邸，以待迎娶公主。你想那新府后边多不吉利，所以待着叫做"大墙缝、小墙缝"的胡同，极有可能将其改称为"大翔凤、小翔凤"胡同，"龙凤"字眼的地名使用"龙头井"这样历史遗留的地名，除非是新凤嘴，因为"龙凤"字眼不可擅用，若非是新起的地名当然有足够的理由。

嘉庆皇帝处死和珅之后，将和珅府邸转赐给庆王永璘，咸丰二年（1852年），威丰皇帝将庆王府收回，转赐给六弟恭亲王，此即恭王府的由来。《青垲琐记》记述，由于清朝禁止在王府后边的小翔凤胡同营建府色，因此恭王府在王府后边的小翔凤胡同的未秩梅实下鉴园，民国时期，曾任黑龙江都督的朱庆瀾购得，改名为"止园"。

京剧史专家刘嵩昆所著《一代宗师程砚秋》记述，光绪三十年十一月十四日（1904年1月1日），程砚秋出生于小翔凤胡同。由于后海沿岸的土地多由旧日的积水潭淤积而成，地势较为低洼，所以小翔凤胡同及附近胡同的院落，多是建造在垫高的台地之上，房基高于路面足有1米，此图所绘小院即是如此。

小翔凤胡同一角　2007年11月

作品取材于1997年3月　尺寸：56×84厘米

消失的胡同——铅笔画中的北京风貌

毡子胡同

毡子胡同,位于北京市西城区地安门西大街北侧的前海西街路北。明代属日忠坊管界,清代属正黄旗辖区。

毡子胡同,旧称为毡子房,很多朋友望文生义,说以为这里曾有清代皇家烧造毡子房,坐炕、睡炕等确实使用毛毡的。清代营建的坐炕,坐炕,睡炕等确实使用毛毡的。清代官修《国朝宫史》记述,"每年冬季,各宫殿宝座、炕上铺设红毡白毡有应更换之否,具牌奏闻。得旨知会武备院、营缮司等衙门。奏准后再将应更换者殿先期请知会营膳监。备院若干,具牌奏闻。"清代《日下旧闻考》对皇家毛毡库房应置有明确记载,武备院毡库在皇城西华门外北长街路西,毡库外在东华门外的昭德门内及大和殿西侧的中右门内。

毡子胡同并称"毡子房",不是指贮存毡子的库房,而是指位于此处的蒙古族阿拉善王府的蒙古包。

《京师坊巷志稿》"东、西煤厂胡同",阿拉善王府在煤厂胡同,非赐第也。

居"。毡子房两侧的南北向胡同名为东煤厂和西煤厂,而居中的"毡子房"所在地,在兴建阿拉善王府以前,恰是明代的煤铺,当是明代遗留下来的堆放煤炭的场所。阿拉善王府给建于康熙年间,其后干敕隆年间供用库下属的和珅府邸的仓储场所,也是明代府供用库的隔壁兴建的和珅府邸,与东边阿拉善旗的"府头道"。所谓"非赐第也,不常居",是因阿拉善王府设在内廷"阿拉善王家北京的居住的只是阿拉善王来北京时的居所的"分府"。

阿拉善王家最早受清朝封爵者是蒙古特部的首领和罗里,康熙十六年(1677年),因遭到蒙古准噶尔部首领噶尔丹袭击,和罗里率部南逃避难。康熙二十五年,朝廷安置和罗里到内蒙古西部游牧。康熙三十六年,朝廷率年亲征噶尔丹兵败身亡。康熙三十六年,朝廷封和罗里为贝勒,所部编为阿旗籍,雍正元年(1723年),朝廷封和罗里之子阿宝为多罗郡王,乾隆三十年(1765年),朝廷又封和阿宝之子罗卜藏多尔济为亲王。

1900年"庚子事变"之前,慈禧太后为大阿哥,王之子溥儁立为大阿哥,企图用他取代光绪皇帝,"庚子事变"之后,慈禧太后被迫取消了大阿

哥的皇位继承权,大阿哥后来去了内蒙古阿拉善旗,娶了和罗里七世孙多罗特色楞(俗称阿拉善罗王)的女儿回到北京住过毡子胡同阿拉善王府。民国时期,大阿哥曾吃过山空,穷困潦倒,在阿拉善王府养马与马倌为伍,死后埋在地安门西大街嘉寿寺后院的空地里。

蒙古族王公住在北京,虽然府邸里不缺少厅堂馆舍,但是出于生活习俗及宗教祭祀仪式的需要,还是会在府邸院落里搭建蒙古包,北京市民看到京城字见的用毛毡搭建的蒙古包,阿拉善王府所在地原来的地名为"毡子房",也就被叫成了"毡子胡同",后来又演变成现在的"毡子胡同"。

毡子胡同一角 2007年10月

作品取材于1995年3月 尺寸:84×56厘米

消失的胡同——铅笔画中的北京风貌

恭王府

恭王府，位于北京市西城区地安门西大街北侧的前海西街。明代属日忠坊管界，清代属正黄旗辖区。

清代王爵分为亲王和郡王两级，因此他府邸应是恭亲王府和庆郡王府。恭亲王府的前身是庆郡王府，庆郡王府的前身是和珅的公爵府。

和珅隶属正红旗满洲旗籍。因此他原来住在正红旗辖区内的驴肉胡同，即今西四北头条胡同。和珅少年时，曾在皇宫西华门内的"咸安宫官学"读书。乾隆三十四年（1769年）承袭了祖上的三等轻车都尉世职。《清史稿·和珅列传》记述，和珅因才干优长，深受乾隆常识，五年后升任正一品文职的大学士内大臣，再过六年又升任正一品文职的领侍卫内大臣。和珅曾受封为男爵、伯爵，嘉庆三年（1798年）清曾中称爱新觉罗·永琰）有功受封为一等忠襄公。

乾隆四十五年（1780年），乾隆皇帝6岁的十女儿和孝公主与和珅的儿子丰绅殷德定亲，为迎娶公主，和皇帝将和珅的旗籍抬入正黄旗。和珅在正黄旗籍区内现在恭王府的地方建造了新的府邸。和珅招权纳贿，又曾名肥缺文职关监督长达八年，他的新府邸不仅豪华而且逾制。后来嘉庆皇帝处死和珅时宣布有的20项罪状之中，就有私存式样楠木殿之罪。这座楠木殿在和珅死后，曾在嘉庆年间做过礼亲王的皇族昭梿所著

《啸亭杂录》记述，在乾隆末年，有一次众皇子私下议论将来谁能继承皇位，乾隆皇帝的第十七子永琰说："使皇帝多如雨落，水不能滴吾顶上。"唯永琰见到怜，将和珅邸第赐给，则至愿足矣。"嘉庆皇帝即位后，大部分赐给永琰作为同母兄、庆郡王永璇居住，并封永璇为庆亲王。果然将和珅府邸留给和孝公主皇帝排行第十五，是永璇的同母兄，他在处死和珅之后，大部分赐给永璇居住，并封永璇为庆亲王。和珅府邸从此成为庆郡王府，和珅府邸的一部分。

此外，和珅府邸所余留给和孝公主居住的部分，永璇并没有意识到，活用和珅府邸里遗留的通制之物可能会给自己带来祸端，倒是20年后永璇死去，继承他王位的儿子绵慜深知此中利害，绵慜向嘉庆奏报说，府邸中现有和珅遗留的铁太平水缸54个，铜或铜质的太平水缸及铜质路灯不仅有防火和照明的作用，而且还是等级的标志，为人不可擅用。据《仁宗睿皇帝（嘉庆）实录》记载，嘉庆皇帝闻奏说道，"永璇府邸为和珅旧宅，此等违制之物当日和珅私留，及永璇接住以后，不知参劾更改，相沿王日，设当永璇在日，查此亦有应得之咎。"嘉庆皇帝降旨内务府绵慜，命内务府将铁缸和铜路灯如实奏报的绵慜，择地安放，还吉旨在京各王公贝勒以此为戒。

据故宫《内务府奏案档》记载，收缴来的36对铜路灯，分别安放在皇宫、中南海及北海团城等处。由于和珅私造的54个铁缸，都属"小铁海"规格，铸造世成为较为粗糙，比不上正宗的皇家"铜海"，因此被安放在皇宫的景运门外，至今在故宫的景运门外，还可以看到其中的一对。这些铁缸，也许是当今仅存的确知的和珅遗物。

道光皇帝死后，他的第四子即位为咸丰皇

帝，第六子奕訢受封为恭亲王，咸丰二年（1852年），内务府将庆郡王府收回，转发给奕訢为恭王府，住在府里的是第一代庆亲王永璇的孙子奕劻，奕劻即那时是第一代庆郡王府，按规定应让出自己的王府另择赐贝子级别相称的府邸，后来于1894年慈禧太后60岁大寿时奕劻被封为庆亲王，奕劻那时是第三任庆郡王府，转赐给奕新作为恭王府。

《紫禁城》恭王府第111期《细说恭王府》认为，由于清代亲王府是原来的庆郡王府，不符合清代亲王府的规格，而且内府还有即便是庆郡王府也不应该拥有的五间门（灯门和上间后等楼。故而恭王府当年奕劻居住时曾对府邸后的大规模改建，即庆郡王府后面现园，八国联军侵华战争，甲午战争、中法战争、甲午战争也先后成乱。第二次鸦片战争前，奕劻对那花园有的小规模活动并不多，但真正重修恭王府花园的并不是恭王府的主人奕劻，而是不远处的小凯风胡同普建了一组精美雅的古建筑群，却不是一座典型标准的王府花园。所以说，恭亲王在府里建了著名的别墅"鉴园"。

恭王府花园一角 2006年8月
作品取材于1996年6月 尺寸：76×56厘米

消失的胡同——铅笔画中的北京风貌

西四北三条

西四北三条，位于北京市西城区西四北大街西侧，明代属鸣玉坊管界，清代属正红旗辖区。

西四北头条至北八条这八个胡同，自元代即已存在。胡同东口的西四北大街，明代所建的"大市街"，十字路口处有明代建造的四座跨街牌楼而旧称"西四牌楼"，1954年为改善交通拆除牌楼后，路口改称"西四"。这八个胡同原来都有始自明代的老名称，1965年北京整顿地名时，因为名称陈腐落后不合时宜，遂按顺序改编为西四北头条至北八条。这八个胡同现在是北京市二十五片历史文化保护区之一。

西四北三条在明代旧称箔子胡同，"箔子"是用芦苇秆编成的帘子，又叫"苇箔"，是一种建筑材料，可能当年此的胡同因有卖箔子的店铺而得名。后来箔子胡同名称又演变为"豹子胡同"和"报子胡同"。

明代，在皇城之内的今北河沿大街路东有汉经厂，是由太监掌管的司礼监下属的皇家印刷厂。汉经厂经厂印制佛经、儒学经典及皇家文件，也印过《三国演义》《百家姓》等通俗读物。如今悬挂在大钟寺的周身满经文的永乐大钟，最初就安放在大钟寺的北寺和尚，在明代，他们身穿袈裟日不剃光头，平时在厂里学习念经和佛教仪式，遇到新年、中元节，皇帝生日等节令，就要到皇宫里去做法事，因为真的和尚不能进入皇宫的中书房还有一批和尚负责书写抄录皇宫内的历代皇帝领死后，还要在外汉经厂的历代皇帝领死后，还要在外汉经厂里安放牌位，并由那些老太监们供养香火。

明万历四十五年（1617年），在外汉经厂建造了皇家大庙护国圣祚隆长寺，寺中有一尊近5米的铜铸毗卢佛像，佛像身下有千瓣莲花座，每片莲花瓣上都铸有一尊小佛像，因而被称为"千佛绕毗卢"。这尊佛像现存于北京法源寺。西四北三条3号院，就是护国圣祚隆长寺遗址，院内一间小房内的墙壁上，嵌有清代乾隆重修寺庙时题刻的诗碑，乾隆题请的前四句清晰可辨："燕都四百载，梵宇数盈千。日不颁废，当能尽葬捐。"

西四北三条39号院，是"四大名旦"之一的京剧艺术家程砚秋的故居。京剧史专家刘嵩崑先生所著《一代宗师程砚秋》讲述，程砚秋是清代满族镶白旗满洲籍，少年即有俊才之名，英和是正白旗的后人，查阅《清史稿•英和列传》，英和将女儿嫁给他，遭到英和官居尚书的父亲绝。英和将女儿嫁给他，历任翰林院编修和侍读学士、嘉庆帝赏识，提拔英和任侍郎、内务府大臣，军机大臣等要职。道光皇帝即位后，又提拔英和为协办大学士，《列传》说："英和通达政体，遇事有为，而数以罪黜（冒犯皇帝职），皆以其父及兄两子一孙，自其父及陵大臣期间，为八旗士族之冠。"但是英和兼任承修皇陵大臣，主持皇陵陵塞施工，结果因地宫进水被判处死刑，幸得皇太后出面说情，才改为发配黑龙江苦役，三年后释放回家居住，未再做官。

程砚秋起家（考中进士、选为翰林），爱才好士，自其父及陵大臣期间，为八旗士族之冠。程砚秋出生于北京东四牌楼北面的报子胡同（今西四北三条），5岁时随母移居海淀区小营，后来曾住过前门外北芦草园，与梅兰芳为邻。1937年任灵境的胡同兴华乐堂等多处地方，又住过门同18号，即今西四北三条39号，直到1958年病逝。程砚秋故居在1984年定为北京市文物保护单位，至今仍由程家后人居住，房间里还保留有许多程砚秋当年用过的物品。

西四北三条19号院一角 2008年7月

作品取材于2001年6月 尺寸：84×56厘米

消失的胡同——铅笔画中的北京风貌

东冠英胡同

东冠英胡同，位于北京市西城区赵登禹路北段西侧，明代属河槽西坊管界，清代属正红旗辖区。

所谓"河槽"，是元代金水河的遗迹。元初，治水专家郭守敬从和义门（明代改称西直门）北水关引水进入积水潭时，又从和义门南水关引水进入金水河。金水河由今西直门内柳巷向南，到今辟才胡同一带东折，流入皇城御苑，演变为向南流出音武门西水关的排水明渠，又称"大明濠"，此即"河槽"来历。1921年，京都市政公所利用拆除皇城的城砖，将露天河槽改建为地下暗沟，将地上开辟的道路命名为"沟沿大街"。1947年，北平市政府为纪念抗日英烈，将北"沟沿大街"命名为"赵登禹路"，将南"沟沿大街"命名为"佟麟阁路"。2003年，扩建太平桥大街道路时，在政协礼堂东侧挖出了旧日北沟沿大街地下用皇城城砖砌筑的暗沟。

北京胡同的名称，往往不可按照字面文生义地理解。位于现在的赵登禹路（即明代的河槽）西侧的东冠英胡同里面，既未住过一位"英豪"，因岂曾住过一位"末代皇帝"。

原来，东冠英胡同在明代称为"观音寺"，因西边不远处也有一个叫"观音寺"的胡同，于是将两条同名的胡同分别称为"东观音寺"和"西观音寺"。1958年，东观音寺胡同里的观音寺被拆除。1965年北京整顿地名时，依据拆观音寺胡同任文史专员的末代皇帝溥仪的东观音寺胡同"改为"东冠英胡同"。1962年，在全国政协任文史专员的末代皇帝溥仪结婚后与元代金水河同岁，历经700年岁月的东冠英胡同，显然已不堪重负。那年在这里画过的东冠英胡同景象相当破败，随着危房改造的进程，如今东冠英胡同也脱胎换骨，变成了"冠英园"住宅小区。

东冠英胡同今貌 2007年11月

作品取材于1996年3月 尺寸：84×55厘米

消失的胡同——铅笔画中的北京风貌

翠花街

翠花街,位于北京市西城区赵登禹路南段西侧。

明代属河槽西坊管界,清代属正红旗辖区。

现在的《京师坊巷志稿》称东西向胡同为"翠花街",南北向胡同为"翠花横街"。明《京师五城坊巷胡同集》称东西向胡同呈"丁"字形相交的两条胡同,包括呈"丁"字形相交的两条胡同。

翠花街东口的赵登禹路及向南延伸的太平桥大街和佟麟阁路一线,原是元代金水河的河道,至明代和佟麟阁路一线,成为排水沟道,到明中后期,至宣武门西城根河段,成为著名的臭沟,称之"河槽",又称"大明濠",俗称臭沟,明于此置河槽西坊。

据《光绪顺天府志》记载,"沟沿大街"之前,这条长长的臭沟在民国时期将臭沟改建为地下暗沟。在地上开通,"沟沿大街"即"河槽西坊"所说之"西直门横桥南,有柱渠曰河桥,明于此置河槽西坊。《京师坊巷志稿》记述的"西直门横桥南,有柱渠曰河桥,明《京师五城坊巷胡同集》里记述的"王贵桥"、"大平桥"等,明《光绪顺天府志》里记述的马市桥、大平桥等,至宣武门西城根下的象房桥,包括白塔寺路口已被埋入地下的马市桥45座。

平桥大街上的王贵桥,因位于石老娘胡同(今西四北五条)西口而得名。

清《宸垣识略》记述,"一等英诚公等在翠花街",一等英诚公是清初名将扬古利的后代。《清史稿·扬古利列传》记述,扬古利家族世居珲春,其父郎柱是部落酋长,率杀其父,扬古利14岁便有部落人反叛,袭杀其父,扬古利年少骑射。后来14岁的扬古利手刃仇人,割其耳鼻生吞以报父仇,大祖努尔哈赤识扬古利为女婿,编入正黄旗。在征战中,扬古利英勇善战,多次摧锋陷阵,清太祖常令扬古利冲锋陷阵,扬古利经常冲锋陷阵,清太祖在著名的萨尔浒大战中,扬古利为摧锋陷阵士不宜再要上战场,扬古利多次负伤不让太祖亲临,太祖为表彰扬古利多次战功,沈阳、辽阳等重镇,封他为一等总兵官,统领左翼四旗兵马,地位仅次于大贝勒,并命今他今后作战不许再亲自冲锋陷阵。

皇太极天聪三年(1629年),扬古利率军包围北京,在德胜门外击败崇祯的部下满桂,当时清军炮兵队伍明军包围,扬古利既有勇,又有谋,他建议余人突围撤出,扬古利明朝,又有谋,他建议皇太极说,应断地攻进明朝,不让对方有喘息和布防的机会,应绕道攻过边关,以削弱明朝实力,1636年,扬古城,不胜则梵掠村庄,直捣明朝内地,攻破河北、山东12城,掠去明朝民众18万人,1637年,扬古利在入侵朝鲜时,在汉城被火枪击中阵亡,时年66岁。

崇德二年(1637年),皇太极追封扬古利为武勋王。雍正九年(1731年),雍正皇帝又封扬古利的后人世代承袭一等英诚公爵位。清军占领北京城之后,历代英诚公府邸都设在翠花胡同。

翠花胡同无翠花,王公当年睛居亦,新楼渐多老居少,金柱门里是谁家?

翠花街5号院一角 2007年11月

作品取材于2005年5月 尺寸:41×56厘米

消失的胡同——铅笔画中的北京风貌

东廊下胡同

东廊下胡同，位于北京市西城区阜成门内大街北侧。明代属朝天宫西坊管界，清代属正红旗镶黄界。

《红楼梦》第二十三回讲述，贾琏吃饭时对王熙凤笑道："西廊下五嫂子的儿子芸儿，来求了我两三遭，要个事情管管。"人民文学出版社1982年版的《红楼梦》在此处有注释："廊下，中国建筑史上自隋唐以来，府第、寺庙达一类多以院落的大建筑群，四周皆以廊庑围绕，沿回廊两侧之街巷则称东、西廊下。"

《酌中志》记述，紫禁城内西墙的北城墙下及西城墙中志"一词，亦习见于明清时期。明末《酌中志》记述，紫禁城内西墙的北城墙下，有相连的小太监房，共计54个院落，是那些没有品级职位的小太监差役们住的地方，称为"廊下家"，即"位于廊下的家"。这些院落都有大量的寒树、果实，"甘脆异常"，小太监们酿成枣酒，名"廊下内酒"。敞市民称为"廊下内酒"。东城人民市场西侧旧时也有东廊下和西廊下，寺庙东侧朝天宫旧址和人民市场西北侧。

在阜成门内大街北侧的东廊下胡同，西廊下胡同，附近还有官园东巷和人民市场西巷。

西岔和官门口头条至官门口五条等胡同，这些胡同也是因位于朝天宫遗址的门口而得名。

明末《帝京景物略》记述，明宣宗于宣德八年（1433年），在官内建有道教祠天师府天师殿。朝天宫"上帝"即老天爷所司的通明殿，供奉的三清供奉着神仙的普济殿，文昌殿等九座大殿，还有各路神仙祭拜时更换礼服的具服殿，皇帝祭拜时的斋宿篇中写道："禁城西北名朝天，栋三千间，可见其规模庞大。旧时朝廷举办典礼，百官排班行礼仪式十分繁琐，必须事先演习。朝天官建成之前，百官演礼场所在西长安街的双塔庆寿寺及附近总领道教、统辖朝天官，他在命道士那元生坐主持朝天宫，斋醮香火终年不断。灵济官的道士朝天官，统辖朝天官，靈济宫三座皇家庙宇。

明天启六年（1626年）六月二十日夜晚，朝天宫彼一场怪火烧毁，然后蔓延扩大，而是房屋烧尽三百三十进大殿同时起火，一个辰就将全部房屋烧光，所以《帝京景物略》说是"朝天官灾有异状，无所存遗"。后十三朝不以沈第，悠不而延，十而位于朝天官后面的元代天师府遗留建筑物末三殿齐火，不见沈第，实有怪事。后称大王"丝毫阁"后称狮子府，元代天师府遗留的"大王皇阁"后称狮子胡同。

《燕都从考》引《城西访古记》说，由于那场大火胡同的平面略似一个"火"字，后来人们认为是官门口西岔和东岔等胡同的交叉处盖了一些房子，以破坏那个"火"字。还说苦水井胡同（后称福绥境胡同）确有一井，其位置就是原来朝天官的西跨院。

《春明梦余录》记述，在清初，"草成门东北半为民居矣，西廊下有关帝庙，周回数里大官）余址而奉之者，北大殿三间，殿前断碑，百数皆武（"武"相当于"步"），砌石断续，犹见当时规制。"

东廊下一带现已建成王廊东园住宅小区，朝同仅余一小段残迹。

东廊下胡同今貌 2007年11月

ル・アーブルの出帆

消失的胡同——铅笔画中的北京风貌

白塔寺东夹道

白塔寺东夹道，位于北京市西城区阜成门内大街北侧，明代属河漕西劳营界，清代属正红旗辖区。

白塔寺的正式名称"敕赐妙应禅林"，是明英宗天顺元年(1457年)重建寺时命名的，是明英宗天顺元年(1457年)重建寺时命名的。白塔寺因为寺院东围墙之外而被俗称为白塔寺。白塔寺里有高大壮观的白塔而得名。然而这条东夹道因处在元代的皇家寺院之内，因为大圣寿万安寺的前身规模庞大的元皇家寺院大圣寿万安寺的占地范围远大于现在的元大圣寿万安寺占地范围，白塔寺是为纪念忽必烈大元之寺建的，原名叫"敕建释迦舍利灵通宝塔"。

1260年，成吉思汗的孙子忽必烈在内蒙古开平即位，做了蒙古汗国的第五任大汗。为了便于向南发展势力，夺取南宋江山，至元元年(1264年)，忽必烈决定迁都到位于现在北京地区的金中都城。由于金中都已在1215年被成吉思汗军队摧毁，忽必烈城池残破且水源不足，至元四年1267年决定在金中都东北郊外新建的元大都城里，即元大都外城的大海子(又名积水潭)周边另建一座新城，即元大都城。至元八年，忽必烈将古国号改为"大元"，他自己也由蒙古大汗变成元朝皇帝。就在这一年，正在营建中的合利塔的地基石函里，发现一个小铁塔，小铁塔里还有一个铜瓶，铜瓶里还存着20粒佛舍利，最为神奇的是铜瓶上还铭文为"至元"。忽必烈认为，一百多年前就预示了目己是要成为"至元"皇帝，他决定在合利塔原址兴建一座巨大的江山永固的宝塔，以举为新建国都的镇城之宝，"恒惺新都既建，元代为首人撰写的《圣旨特建释迦合利灵通之塔碑文》记述了忽必烈决定造塔的动机，"恒惺新都既建，元代为龙之扶护，宜卜永年，以福为基。如起塔，冀神龙之扶护，资社稷之久长。"

元代尊奉藏传佛教，崇尚白色，忽必烈决定建造一座白色的藏式覆钵型宝塔，即忽必烈的帝师藏族高僧八思巴的弟子，来自尼泊尔的巧匠阿尼哥主持建塔。塔建成，而这一年元朝军队彻底消灭了南宋的残余势力，统一了天下，新国都大都城也已完工，志得意满的忽必烈视察白塔时，又决定环绕着白塔再建一座大寺庙，以决定皇家举办法事的场所。"圣寿"，意在祝愿元朝长寿"万安"，希望蒙古族之处皆为习俗；圣意皆听忽必烈按照蒙古族习俗，命人从皇宫四面射一箭，箭落之处圈为寺址，白塔寺应于寺院中心，所以现在的大圣寿万安寺，白塔寺应于寺院中心位置，当年包括在寺院范围之内。

大圣寿万安寺的装饰十分豪华，至元二十五年(1288年)"万安寺成"，《元史·世祖本纪》记述，白塔上的铁饰、佛像及窗壁皆金饰之，凡费金五百四十两有奇，水银二百四十斤"(镏金工艺要用到水银)，忽必烈还赏赐京郊良田一万五千亩，僧众百名，耕牛百头作为寺院的产业。忽必烈死后还在寺院近仪式时，有七万僧人参加，可见寺院规模之庞大。

嘉立于大圣寿万安寺庭院中心的白塔，作为大都城的镇城之宝和元朝的吉祥象征，确实与元朝共着同的命运。元朝在一场雷雨中遭雷击起火，至正二十八年(1368年)夏季，寺院在一场雷雨中遭雷击起火，《元史·元顺帝本纪》记述，至正二十八年六月十五日，"雷雨，元顺帝闻雷击大天，万岁寺，元顺帝"闻之泣下，元顺帝百般救护，梵大圣寿万安寺。元顺帝影堂(供奉先帝影像的殿堂)，余皆梵毁"。同年七月二十六日，明军徐达率明军抵达通州。闰七月二十八日夜半，元顺帝带领妻子北出健德门逃往北方草原，四天后的八月初二日，明军占领大都城，梵毁后的大圣寿万安寺满目凄凉，只有砖石结构的白塔幸存于瓦砾遍地的废墟之上。

白塔的覆钵型塔身是用青砖砌筑而成，环绕圆形塔身嵌有七道加固铁箍，外表再添饰白灰装饰。元代在灰色表面还刻画着佛像和纹饰，年深月久，灰皮脱落，露出了塔身上的铁箍，由此又引出一段"鲁班铜白塔"的故事。传说明代有个铜匠叫人，每天都在白塔寺门前的账房里叮叮哐哐打人修理，不给钱，还敢称自己叫"大家伙"，有本事敢到白塔上去铜我。"沈月消息，人们果然看到白塔被铜上了七道铁箍，才知道这个匠人原来是鲁班下凡。

白塔的故事一时半会儿是说不完的，还是到白塔寺东夹道去看看残存的小巷吧。从狭窄的小巷望去，硕大的白塔，会给大片道数亩旁有咸白塔寺说，"物换星移事已改，明宣宗于宣德八年(1433年)在白塔西北重建寺院，明英宗天顺元年(1457年)在白塔寺南侧佛置殿宇，妙应禅林的寺院为原址的八分之一。白塔寺东夹道周边的台阶有108个小塔状的砖雕装饰，这些明代修缮时放置的物件，在"塔肚"与"塔脖"连接处有一件黑色长方形物体，是明神宗万历二十年(1592年)维修白塔时安放的纪念铜碑。

巨刘伯温曾有咏白塔诗说，"物换星移事已改，独照此地迷东西"，可怜明英宗重建的大片遗址，以至明英宗重建的妙应禅林的寺院八分之一。

白塔寺东夹道一角 2008年5月

作品取材于2000年1月 尺寸：35×48厘米

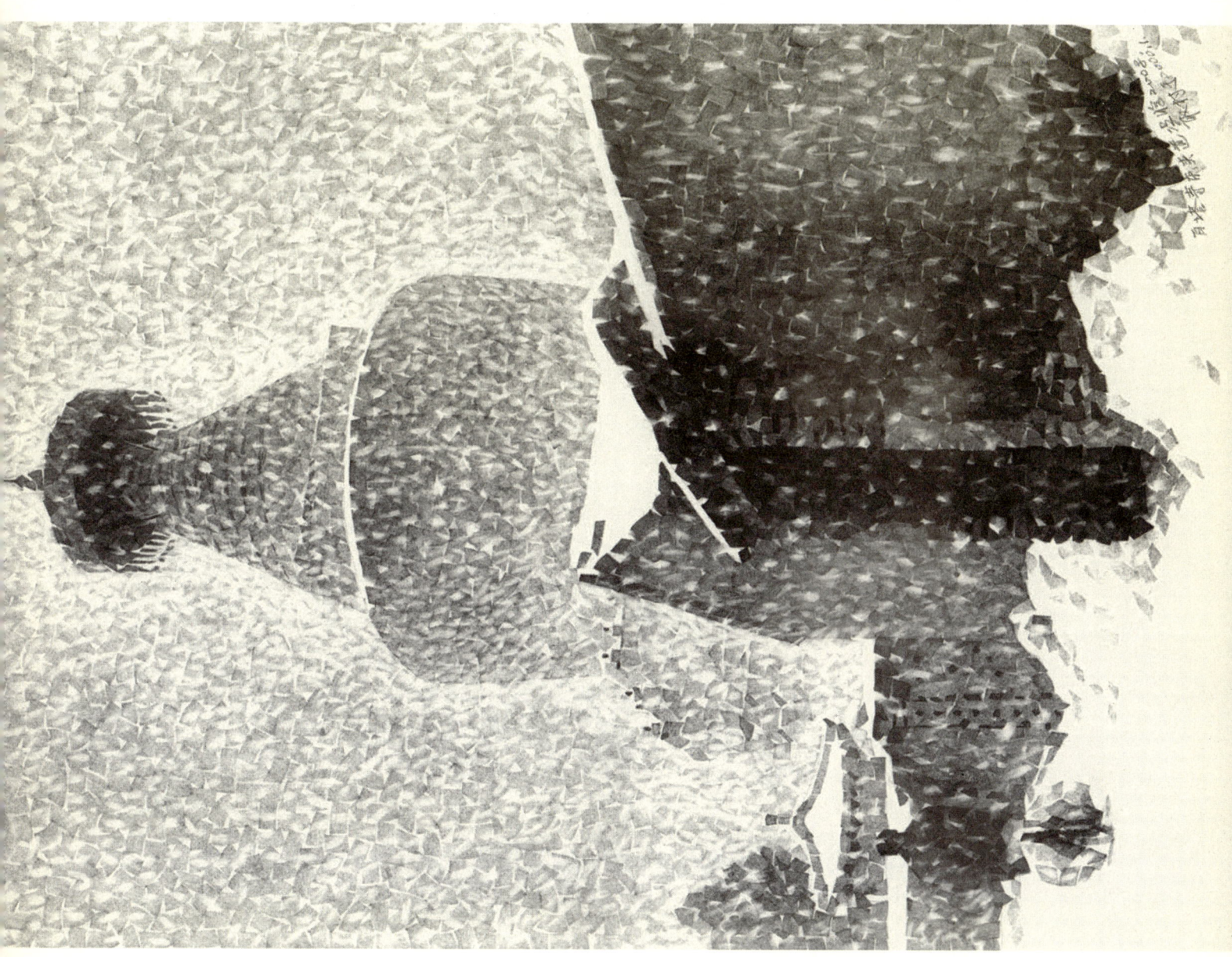

消失的胡同——铅笔画中的北京风貌

芟茂胡同

芟茂胡同，位于北京市西城区阜成门大街东侧。明代明朝天官西坊的管界，清代属正红旗辖区。

芟茂胡同在明清至民国时期日称棕帽胡同，1965年北京整顿地名时，因名称与棕帽胡同不止一处，为避免重名，改称为"芟茂胡同"。

明代天启六年（1626年），北京正东厂地区（今佟麟阁路南段西侧的光彩胡同一带）发生大爆炸，死伤2万余人。"官办《邸报》报道中："所伤男，妇俱赤身，寸丝不挂，不知何故。有一长班（差役），棕帽衣裤鞋袜一霎俱无。"可见，"棕帽"是明代男子或差役常戴的帽子。

鲁迅作于1926年4月1日的《纪念刘和珍君》文中提到了棕帽胡同："刘和珍君是在去年夏初杨荫榆女士做女子师范大学校长，开除校中六个学生自治会职员的时候，其中的一个就是她。但是我不认识。直到后来，也许已经是刘百昭率领男女武将，强拖出校之后了，才有人指着一个学生告诉我，说这就是刘和珍……待到学校恢复旧观，教员的聘书业已发出之后，她才始来听我的讲义，于是见面的回数就较多了，也还是始终微笑着，态度很温和。待到偏安于宗帽胡同，赁屋授课之后，她才始来听我的讲义，于是见面的回数就较多了……"鲁迅文中所说"女师大风潮"期间在棕帽胡同租房开课一事。

鲁迅1912年5月5日来到北京，在民国政府教育部社会教育司任佥事，8月22日获教育部佥事职衔。他自1920年起先后在北京大学等8所大、中学校兼职授课。那时的教育部设在西单南侧的东铁匠胡同（后改称教育部前西石驸马大街，即今新文化街，1923年10月，鲁迅受聘兼职女师大"小说史"课程讲师。

1924年春季，杨荫榆（女）接任校长。同年暑假之后，杨荫榆因江浙地区军阀开战阻断交通，未能及时返校，而面对拥护自己的迟归过日的女生开除，由此触发学生风潮。1925年3月12日，孙中山在北京病逝，各界群众数十万人到中山公园（当时称中央公园）祭悼，杨荫榆不准女师大学生前去祭悼，还当众攻击孙中山先生，激起众怒。同年5月7日，是日本强迫袁世凯政府签订《二十一条》卖国条约10周年，计广平等6名学生会干部开除。此后教育部竟将女师大解散，企图为组国立女子大学，并借口参与学生风潮，将鲁迅的佥事职衔解除。

学生们被教育部长刘百昭勾结警察和打手强行驱赶离校，面临失学困境。鲁迅等同情进步学生的学者与学生代表共同成立了女师大同校维持会，在棕帽胡同成立了赁房房室，于1925年9月21日开学，义务为学生讲课。棕帽胡同维持会，据《鲁迅日记》仅1925年8月7日至30日期间，就有13天鲁迅"赴女师大棕帽胡同临时课堂坚持了两个多月的"同主女师大专业学生，但是也受鲁迅文章、鲁迅讲课、鲁迅人格变化，教育部长换人，女师大复校，11月30日返回学校，宣布复校。下午鲁迅和女师大前任校长许寿裳"同至女师大教育学校，送学生复校"。《鲁迅日记》记述。

"三一八惨案"中被军警杀害。

鲁迅住宅距宫门口西三条胡同不远，当年风潮事件中的风云人物，也如同雪地行人的足迹，渐行渐远。

芟茂胡同今貌　2007年10月

作品取材于2000年1月　尺寸：56×41厘米

消失的胡同——铅笔画中的北京风貌

秀洁胡同

秀洁胡同，位于北京市西城区阜成门北大街东侧。明代属朝天宫西坊管界，清代属正红旗辖区。

秀洁胡同原是一条南北向的小巷，自南向北依次穿越了5条胡同，即冰窖胡同、棕帽胡同、前秀才胡同、中秀才胡同、后秀才胡同。北京旧时设有许多冰窖，每逢冬季从护城河、什刹海等处水面取冰，贮于冰窖保存至夏季，用于食物保鲜及祛暑降温，因此称为"冰窖"的胡同不下三、五处。1965年北京整顿地名时，为避免重名，清代已有的棕帽胡同改称"宏茂胡同"，又将目穿越5条胡同的棕帽胡同之一的"秀才胡同"，同时将那条"秀"和"冰窖胡同"之"洁"，命名为"秀洁胡同"。

秀洁胡同得名历史甚浅，然而周边却颇有名气。秀洁胡同缘何得名尚无确考，然而附近师五城坊巷名《京师五城坊巷胡同集》记述这一带有庙名为"秀头庵"，或"秀才"系"秀头"演变而来亦未可知。《光绪顺天府志》记述，白塔寺西侧曾有元代万佛

寺，明代改称宏庆寺，俗称黑塔寺，胡同亦称"黑塔寺胡同"，其旧址已并入冰窖胡同，附近的青塔胡同，明代旧称"青塔寺胡同"，胡同里曾有青塔寺，前身是元代的大永福寺。编纂于清末的《光绪顺天府志》说，亦皆无塔。当时的黑塔寺和青塔寺相距里许，还有附近的"两寺有碑可以考耳"，还有附近的"瓜园胡同"，曾叫过"官园"。

往日的秀洁胡同虽与西二环路及平安大街相距不远，却是个冷清寥落的小巷，如今的秀洁胡同地段，已成为面朝通衢大道的成片楼群。

秀洁胡同今貌 2008年5月

作品取材于2000年1月 尺寸：85×56厘米

消失的胡同——铅笔画中的北京风貌

东安福胡同

东安福胡同，位于北京市西城区西长安街南侧。明代属大时雍坊管界，清代属镶蓝旗辖区。

东安福胡同与西安福胡同原本是一条胡同，《京师五城坊巷胡同集》记述其在明代乾隆年以后称为"安福胡同"，《京师坊巷志稿》记述清代乾隆年以后称为"回回营"，1913年开辟北新华街之后，安福胡同被分割为东西两段。

乾隆二十三年（1758年），在西苑南海南岸的红墙内侧建造了宝月楼。乾隆皇帝在《御制宝月楼记》中讲述了建造宝月楼的缘故，为南海南岸是青皇城红墙的狭长地带，原来没有宫室，从瀛台上朝望去过于空旷，所以要在那里建造一座楼宇。乾隆皇帝认为，此楼建成后是临水赏月的佳处，中广寒宫的意境，所以命名为宝月楼。

乾隆皇帝还说，登上宝月楼，可以北眺三海，南观紫禁，西望远山，因此他为宝月楼写了匾额"仰观俯察"。

由上可知宝月楼并非像传说那样系乾隆帝特为香妃而建，但它与香妃也有些关联。新疆的香妃，乾隆二十二年（1757年），新疆的清军平息了和卓木兄弟发动叛乱，两年后被清军平息，同属和卓木贵族的图尔都家族因效忠朝廷，反对叛乱，被乾隆皇帝授予官职，奉命率本部下属

进京定居。《清史稿·职官志》记述，乾隆二十五年（1760年），因图尔都部队被编为回回佐领，隶属于内务府三旗部属的正白旗晓骑营。出于政治联姻，乾隆皇帝将香女巴朗晓骑都为容妃，并娶了图尔都之妹和卓氏女儿进宫，封为容妃，即传说中的"香妃"。容妃因民族习惯不同，不便住进宫，曾在宝月楼居住。为了让容妃能望见同族亲属，以排遣乡愁，乾隆皇帝将回回佐领聚居在宝月楼对面的西长安街路南胡同巷，即今东安福胡同一带，称为"回回营"，共有官房147间，为尊重回民习惯，乾隆二十八年又在回回营建造了礼拜寺和高大的唤礼楼，容妃死后入葬清东陵，唤礼楼至民国时期尚存在。

1912年袁世凯将中南海占据为总统府之后，宝月楼被改建为新华门，成了总统府的大门，与新华门隔街相望的安福胡同，后来成为段祺瑞院系军阀政客勾心斗角、争权夺势的场所。

1916年，袁世凯称帝未遂，病重身死，副总统黎元洪接任总统职务，段祺瑞出任国务院总理。段祺瑞把持的国务院与黎元洪的总统府发生严重冲突，史称"府院之争"。1917年5月，段祺瑞以辞职为要挟，被黎元洪顺势免去总理职务。6月，军阀张勋带兵进京发动清朝复辟，解散国会，推翻黎元洪，恢复民国，由副总统冯国璋接任总统职务，段祺瑞也恢复了总理职务。但

是段祺瑞以"再造共和"功臣自居，拒绝恢复约法和国会，企图另组新国会为自己的政治利益服务。1918年3月，段祺瑞指使陈宦等在安福胡同梁式堂的宅院成立了安福俱乐部，使用密谋策划、酒色招待、收买拉拢、封官许愿等卑劣手段操纵议员选举，8月12日，新国会开幕，在参、两院470个议席中，段祺瑞的"安福系"取得绝对优势，史称"安福国会"。但是段祺瑞兵败下野，1920年7月"直皖战争"爆发，8月30日"安福国会"被宣布为非法。

是段祺瑞以"再造共和"功臣自居，拒绝恢复约法和国会风云散尽，尘埃落定。东安福胡同里这座岁月刻满沟痕的小门楼，是往日沧桑的见证。

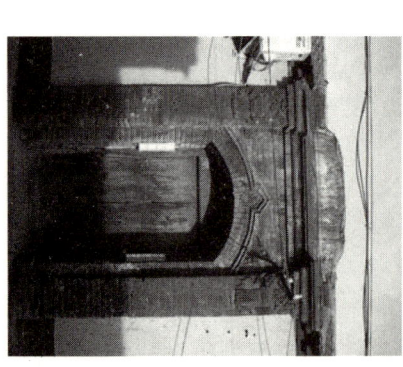

东安福胡同15号院一角

作品取材于1999年3月　尺寸：44×62厘米　2008年1月

消失的胡同——铅笔画中的北京风貌

新壁街

新壁街，位于北京市西城区北新华街西侧，明代属大时雍坊管界，清代属镶蓝旗辖区。

新壁街，据《京师五城坊巷胡同集》记载，在明代称"厂墙街"，因北侧有细瓦厂和石厂而得名。据《京师坊巷志稿》记载，清代改称"半壁街"，"在石厂旧址上兴建了道教庙宇吕祖阁，现在还有部分古建筑，是文物保护单位。

通常的胡同，道路两侧都有成排列的院落，有的胡同只在道路一侧有成排列的院落，称为"半壁街"或"半边街"。元《析津志》提到有"半边街"、丁字街、十字街、三叉街时，还提到有"半边街"。明代东安门北侧皇城脚下也有"半边街"，在胡同北侧，明代有细瓦厂和石厂，清代才有庙宇，临街都是长长的围墙，只是在胡同南侧才有民居院落，这就是它被称为"半壁街"的来历。

北新华街两侧的胡同有个特点，即多被北新华街切割为东西两半，如东、西纵线胡同，西壁胡同等。其实这些胡同在明代都是整体的，只是中间被一条由北至南的水沟穿过，是元代河道的遗迹，到明代河水断流，成了排水沟，在沟边还有一条"臭沟胡同"。

1912年袁世凯将中南海围墙南段改建为总统府之后，继将中南海南围墙内侧的宝月楼改建为总统府正门新华门，将总统府西侧的街道改称为"府前街"，将总统府西侧门前的西长安街改称为"府右街"，又

新壁街今貌　2007年8月

将新华门西南方的排水沟改建为街道，称为"新华街"。当时宣武门至正阳门之间的城墙尚未开通和平门，因此城墙以南过去的胡同都被切割，半壁街也从此分为东、西两段。

1965年北京整顿地名时，将半壁街东段北入西交民巷，因西半壁街被改称为"新壁街"的胡同不入一处，这里的半壁街被改称为"新壁街"。

前几年拆迁时，这座待拆的宅门颇有意趣，缺少了屋脊上的"蝎子尾"，结构待拆整完好，只是在两扇紧闭的大门上贴满了小广告，收购旧家具电器的，收买书本报纸的，撬家公司的，有商品房的，承揽装修的，五行八作应有尽有。道是"旧的不去，新的不来"，昔日的"半壁"如今堪称"完璧"。

作品取材于1999年3月　尺寸：55×83厘米

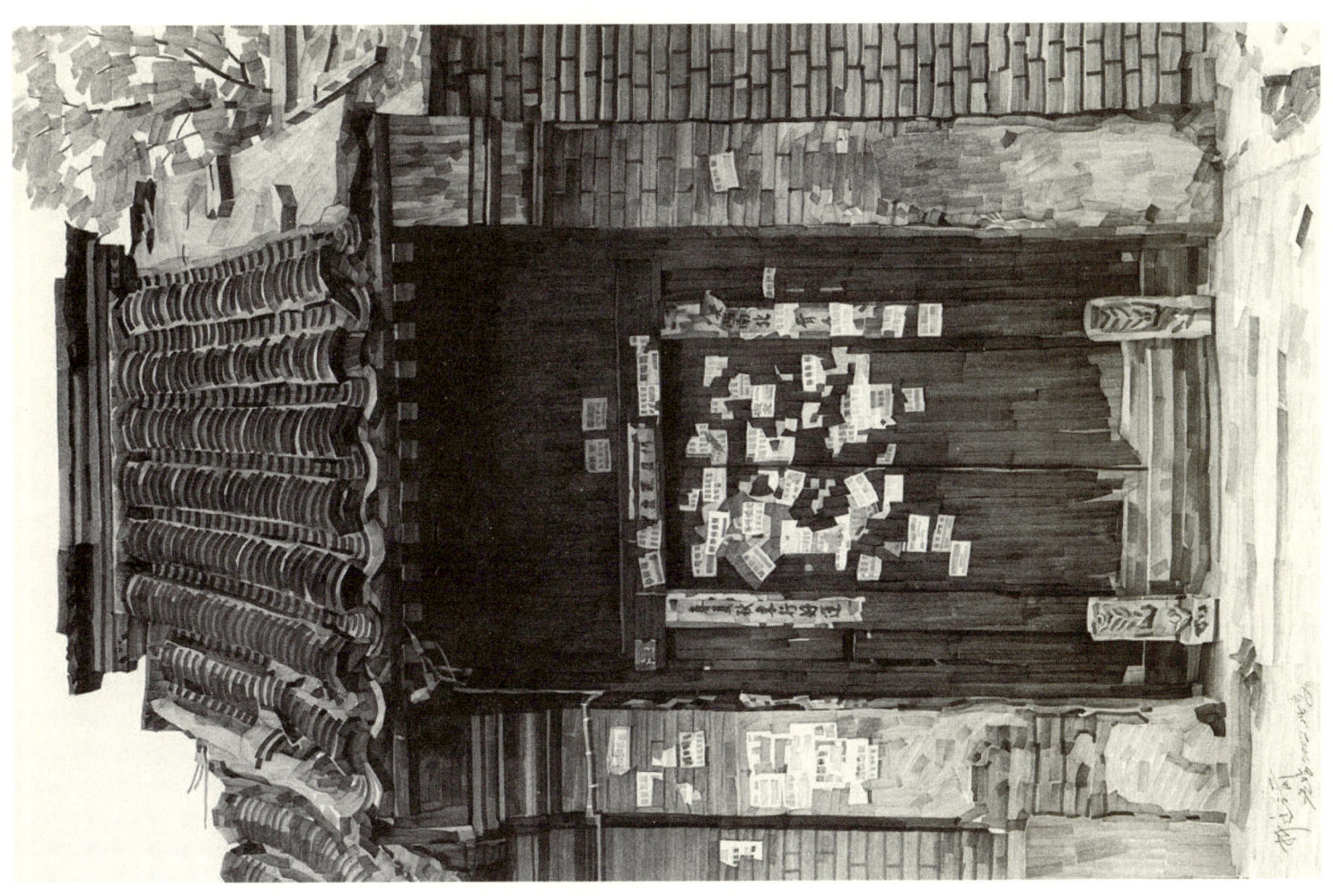

消失的胡同——铅笔画中的北京风貌

西旧帘子胡同

西旧帘子胡同,位于北京市西城区北新华街西侧。明代属大时雍坊管界,清代属镶蓝旗辖区。

西旧帘子胡同和东旧帘子胡同原为一条胡同。明代旧称"连子胡同",因谐音演变为"帘子胡同"。帘子胡同后来又衍生出一条新的胡同,为与旧有的帘子胡同区别,遂分别称为"新帘子胡同"和"旧帘子胡同"。1913年开辟北新华街,新旧两条帘子胡同都被分割为东西两段。

北新华街修路之前,是一条自北向南流淌的河沟,俗称为"东沟"。东沟有一条支流经过帘子胡同向西,穿过应元佟麟阁路一线的西沟,注入内城西南角处的太平湖。这条支流一路留下了板桥、臭水坑、臭水河,小沟沿等与水相关的地名。清代的臭水坑,位于新帘子胡同南侧,当年的"连子胡同"相传因邻近连塘而得名,臭水坑这不定就是当年连塘的遗迹。

明代后期世风败坏,男妓盛行。明末文人史玄所著《旧京遗事》记载,那时的北京将男妓称为"小唱"。小唱集中住在连子胡同,其门庭与媢门无异,颇有些官员沉迷于小唱,替身带到自己官署去做侍从。明末小说《明珠缘》描述,西江米巷"一直住西去,到大街北转,西边有两条小胡同,晚作新帘子胡同,旧帘子胡同,是弟们寓所……往旧帘子胡同口走进去,只见两边门内都坐着些小官(男妓),一个打扮的牧玉琢,如女子一般,总住那里或说或笑,或唱歌。一街都是。

2004年2月16日,西旧帘子胡同一堕四合院里的一栋二层小楼因地基沉陷发生倾斜,被作为

危房拆除。这里原是北京棋院所在地,任少年时代作为中国象棋手走进了这座小楼的世界冠军宝座。她在回忆文章里写道,2002年谢军出任北京棋院院长,这个女孩就是谢军。北京天安门广场往西走大约有五六百米的样子,有一条名不见经传的胡同——西旧帘子胡同中一栋坐北朝南的二层小楼,在周围平房中显得鹤立鸡群。走近前来,一座古色古香具有北方特色的青砖四合院便映入眼帘。它便是从八十年代初成为首都棋类事业大本营的北京棋院。10岁那年,我睁着一双好奇的眼睛,兴高采烈一跳地走进这个颇有点神秘色彩的四合院,谁能想到自己跨入大门的那一刻,无意中选择了未来人生的道路,我的棋艺生涯也从此开始了。

北京棋院现已易地重建,整条西旧帘子胡同也已消失殆尽,成为新的住宅小区,旧日胡同里熙熙攘攘人声喧闹的早市,也只能从画幅笔墨中去追寻了。

西旧帘子胡同今貌 2007年9月

作品取材于2004年9月 尺寸:56×38厘米

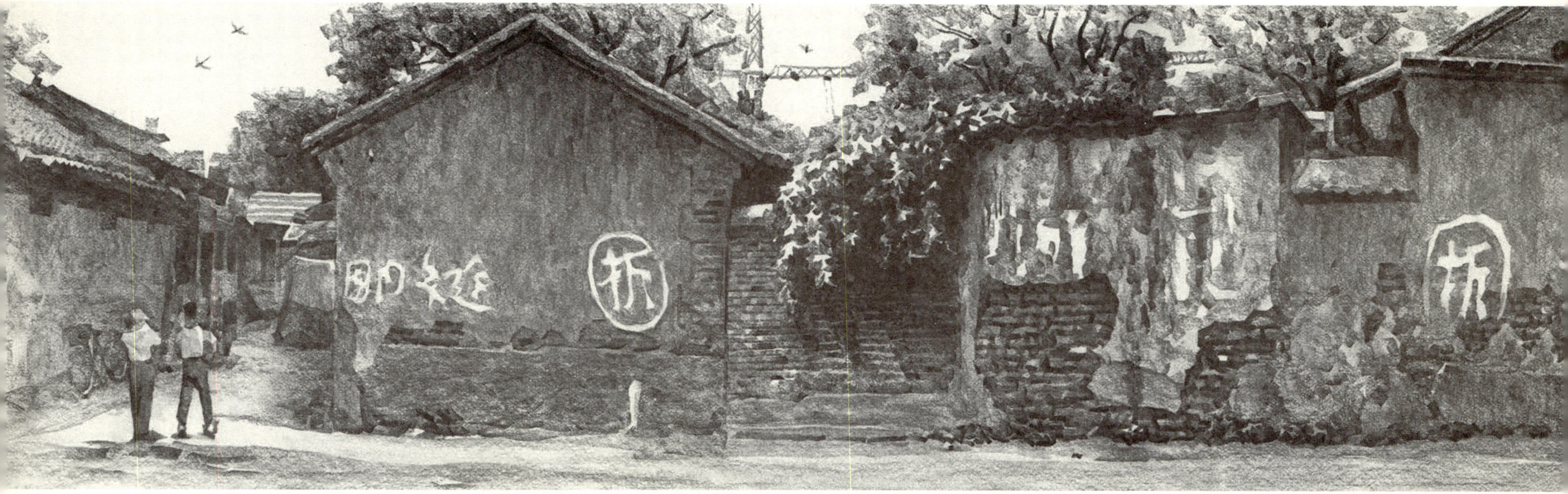

皮库胡同

皮库胡同，位于北京市西城区西单北大街西侧。明代属阜财坊管界，清代属镶红旗辖区。

有朋友认为，皮库胡同因曾经设有皇家贮存裘皮的仓库而得名，此说恐未必准确。明清两代，京城各处虽设有贮存方砖的方砖厂、贮存柴草的台基厂、贮存木炭的大红罗厂等许多场所，后来被用作当地的地名，但较为细软的货物均贮存在皇城之内的仓库，如瓷器库、帘子库、缎库等，明代贮存裘皮的仓库在今地安门安乐堂胡同东边的“皮房”。

老北京曾依地形特征将弯曲的胡同称为“猴尾巴胡同”、“狗尾巴胡同”，将分做两岔的胡同称为“裤子胡同”、“裤裆胡同”。《京师五城坊巷胡同集》记述，明代在东安门外的南薰坊有“皮裤胡同”。现代的闹市口大街西侧的“库资胡同”、辟才胡同北侧的“古直胡同”、东直门桥西南侧的“库司胡同”过去都叫“裤子胡同”，南新华街西侧的东富藏胡同和东库堆胡同，过去则叫“裤裆胡同”和“裤腿胡同”。《京师坊巷志稿》明确记载：“皮库胡同，库或作裤”，《北京历史地图集》1947年“内城西部”图上，就将皮库胡同向北的分岔标注为“新皮库胡同”。因此皮库胡同可能是因胡同有分岔而得名。

1923年成立的北平弘达中学设在新皮库胡同13号。1935年日伪冀东政权殷汝耕强占通县师范学校后，师范学校一度迁到皮库胡同。2007年5月8日《北京晚报》所载“李大钊在京居住过的八处居所”记述，李大钊1915年从日本留学归国后，于9月7日住进皮库胡同。

皮库胡同现已拓宽扩建，成为与西单北大街连为一体的商业区。

皮库胡同今貌　2007年8月

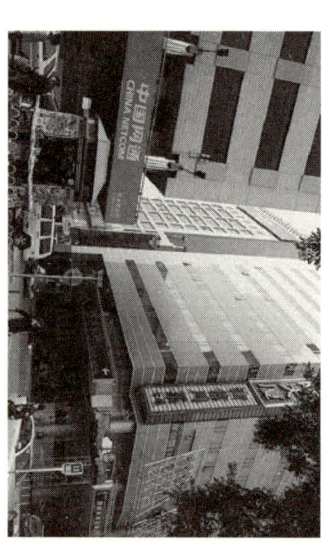

作品取材于1997年5月 尺寸：116×20厘米

消失的胡同——铅笔画中的北京风貌

恭俭胡同

恭俭胡同,位于北京市西城区地安门内大街以西,北海公园围墙以东。明代和清代皆属皇城范围。

恭俭胡同在明代是内官监所在地,清代演变为"恭俭胡同"。明代时期政谐音雅化为"恭俭胡同"。明代设有为皇家服务的"四司、八局、十二监",合称"二十四衙门",各衙门的长官均为太监,其中内官监位居第二,仅次于权势最大的司礼监。明永乐二年(1404年),明成祖在南京任命郑和为内官监掌印太监,永乐十九年(1421年),明成祖迁都北京,因此郑和是北京内官监的首任掌印太监。郑和的住宅位于德胜门内大街"三保老胡同",即今"三不老胡同"。

郑和的六世祖是元代名臣赛典赤。1218年,西域布哈拉国功臣赛典赤·赡思丁被典赤亦率部下做了成吉思汗手模国的不花剌城,住在不花剌城的阿拉伯贵族典赤·赡思丁顺了成吉思汗。此后赛典赤在元世祖忽必烈手下做过燕京宣抚使,管理现在的北京地区,后来赛典赤又被任命为云南行省平章,封爵咸阳王。他的后代继续守卫云南,封爵滇阳侯,驻守在滇池南岸的昆阳州。当时儒学者默德纳的汉文写法是"马哈咒德",所以郑和的原姓"马",郑和是"马三保"。

明洪武十四年(1381年),征南将军傅友德和永英率30万明军征讨在元朝残余势力控制的云南,马三保的父亲米坚决抵抗并失败而死,10岁的马

三保被俘获后遭明军阉割为童仆。三年后,傅友德移防到北平,马三保进了北平燕王府,做了燕王朱棣的仆人。1399年,燕王朱棣从北平起兵反叛,夺取皇位,28岁的马三保到南京去夺取皇位。朱棣夺到皇位,在战争中大显身手,燕建战功。朱棣为内官监正四品掌印太监,任命马三保为内官监正四品掌印太监,并赐予新名叫郑和。"老爹"则是明代对太监的尊称。

朱棣看中郑和是阿拉伯贵族后裔,教与佛教两种宗教背景,能文能武,严,又于永乐三年(1405年)派他率领2万7千余名卫队乘船出使西洋各国,那时的"西洋"指现在的南海和印度洋。由于郑和在29年之间先后7次出使西洋,他实际到内官监事的时间并不多,有史料说,当年郑和的住宅是十分豪华,装饰着他从西洋带回的多种宝物。

明代的内官监相当于皇家的"工程局",《明史·职官志》记述,内官监"掌木、石、瓦、土、塔材、东行、西行、武营、油漆、婚礼、火药十作,及米盐库、营造库、皇坛库,凡国家营造宫室陵墓,并铜锡妆奁,器用,及冰窨诸事"。"十作"就是十个工作坊,现在的地安门内大街以西,墙以东,地安门大街以南,景山前街以北,明代都是内官监的地盘,这一带至今还留有大石作胡同,油漆作胡同,米粮库胡同和建有皇家冰窨的雪池胡同。

清代接管了明朝遗留的二十四衙门,编为内务府七司三院,七司三院多设在皇城两侧的南,北池子大街和南,北长街一带,原内官监的地盘逐渐变为民居,但是雪池胡同的冰窨一直沿用至民国初期溥仪在故宫当小皇帝的时候。

恭俭胡同一角 2008年4月

雪池冰窨所贮之冰来自北海。溥仪的英国老师庄士敦曾住在中南海任政务院副秘书长时,曾经在大石作胡同二巷住过,仍然住在大石作胡同西侧的王府后人。恭俭胡同西侧是乾隆帝弘历的五弟,他的王府在今张自忠路3号的段祺瑞执政府旧址,同治年间,弘历的六代孙溥煦袭封为镇国公,分府移居至现在的恭俭二巷,即今恭俭胡同,和亲王的后代溥绶受封为镇国将军,仍住在和亲王府现在的恭俭胡同。

北海公园是皇家西苑的一部分,旧日围有用城砖砌筑的大墙。现在的北海部分,地面增高,墙根部分都埋入地下,只是由于岁月变迁,来没有旧日那样高大了。

作品取材于1995年4月 尺寸:43.5×32厘米

消失的胡同——铅笔画中的北京风貌

景山前街

景山前街,位于北京市西城区景山公园前方。明代和清代皆属皇城范围。

明代玄殿是明代崇道教的嘉靖皇帝建于嘉靖二十一年(1542年)的一座道教神殿,位于景山前街的大高玄殿门前。

大高玄殿门前有道教的嘉靖皇帝在"乾元资始"牌坊,位明嘉靖皇帝亲兴王死去,15岁那年,朝廷批准他继承兴王的王位,是卦地在湖北安陆做兴王的儿子,他13岁那年,朝廷批准他继承兴王的王位,5天之后,31岁的正德皇帝在北京死去,朝廷决定由正德皇帝四叔兴王的儿子小兴王到北京继承皇位,即嘉靖皇帝。

15岁的嘉靖皇帝继承皇位后主要做了四件事,一是追尊已故的父亲兴王为皇帝;二是违背祖制,破格追尊已故的父亲兴王为皇帝;三是向大臣夺权,四是热衷于"制礼作乐",建造丁北京的地坛、日坛和月坛,担心他还有两件烦心事,一是嘉靖皇帝十分痴狂,他不顾朝政,一是体弱多病,担心之不容易坐不长久,三是到了25岁仍无儿子,担心死后皇位会传给别人继承皇位。嘉靖皇帝用于解决烦心事的方法,就是修道成仙。

嘉靖皇帝痴迷修道,他不顾朝廷礼法,授予道教首领邵元节礼部尚书官职及伯爵爵位,又授予道教首领陶仲文礼部尚书官职及伯爵爵位,大兴土木,建造了大光明殿(在今北海公园北门)、雷霆洪应殿(在今北海公园北门)等多处胡同),

道教神殿,频繁举办斋醮典礼,每年焚烧香烛多达数十万斤。

据明末《酌中志》记述,建于嘉靖二十一年的大高玄殿,院内曾有一座"象一宫",其面貌是仿照嘉靖皇帝制作的。大高玄殿正面门楼,其面貌是仿照嘉靖皇帝制作的。大高玄殿正面门楼三间九楼楠木牌坊,坊心镶嵌着石匾,东边牌坊的石匾题词的正面是"弘佑天民",背面是"太极仙林";西边牌坊的正面是"先天明境",背面是"孔绥皇祚"。

清代的雍正皇帝也喜修道炼丹,他于雍正八年(1730年)重修大高玄殿时,在正门对面增建了一座牌坊,取《易经》"乾卦""至哉坤元,万物资生"之义,在石匾正面题词"大哉乾元,万物资始"。1920年,"乾元资始"在石匾背面题词"大德日生"。1937年又在原址重建,但立柱已改为钢筋混凝土结构,大高玄殿门前的这三座牌坊很深,无须在两侧加建"人"字形的戗柱,因而在老北京留下一句歇后语叫做"大高玄殿的牌坊———无戗无靠"。

景山在明代称为万岁山,清代顺治十二年(1655年)才改称为景山。景山前方原来没有大街,原来景山的头一道门"万岁门"原是应在景山上门。北山上门与万岁门之间的东西两端北至东门和北山上西门,这四座门之间的狭长地带相当于景山的"前院"。

1931年开辟景山前街时,将北上东门和北上西门拆除,使景山前街由北上门前的东、西门前穿过,景山前街西段由大高玄殿门前的东、西两座牌坊下面穿过。1956年扩展景山前街时,又将万岁牌坊下面的北上门及大高玄殿前方的三座牌坊全部拆除。1960年,东、西两侧的牌坊只残存的构件,被移至北京西郊中央党校院内,合并奏成了一具的东西。而"乾元资始"牌坊后来做当做了"大德曰生"牌坊。

2004年,"乾元资始"牌坊在原址重建,坊心南点的石匾是由故宫筒子河北岸原址重建时,故宫筒子河的波光水影映照着的日塔,故宫筒子河的西北岸月坛公园寻回北岸重建后原有的方亭,不远处的西北边就是历经400余年仍然存在的大高玄殿。

新建的大高玄殿　　作品取材于2005年11月　　尺寸:54×41厘米

大高玄殿旧影　　罗哲文摄于1952年

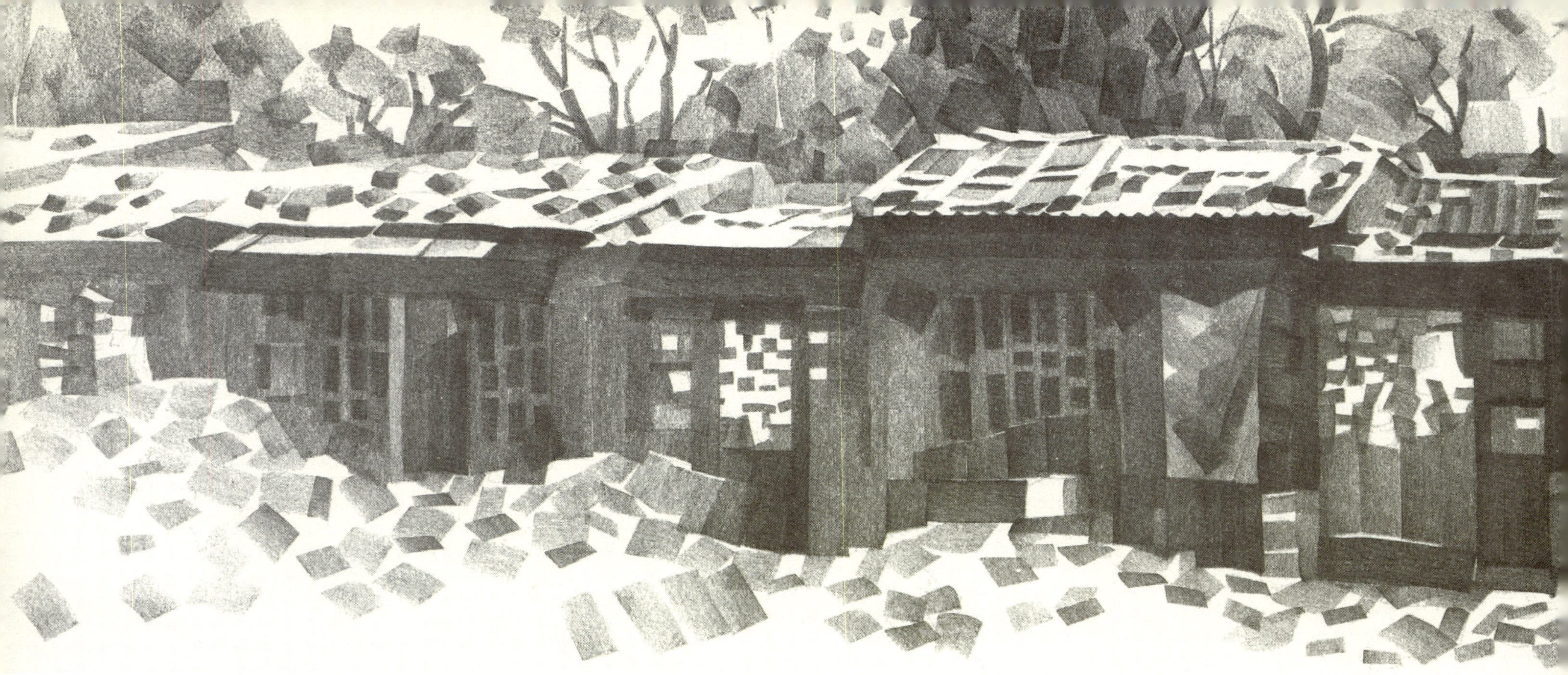

崇文门外铁路工棚

崇文门外铁路工棚，原址位于北京市崇文区明城墙遗址公园。明代属崇北坊管界，清代属外城东城辖区。

明代北京城是在元大都基础上经多次改建而成的。1368年，明太祖朱元璋部下的徐达大将军攻占元大都，为了缩短战线，防范元军反攻，他决定放弃元大都原来的健德门至安贞门一线的北城墙，南退5里在德胜门至安定门一线重建新的北城墙。1419年，明成祖朱棣因预备迁都而扩建北京城，他决定放弃元大都原来的丽正门一线的南城墙，南扩2里在正阳门一线重建新的南城墙。

1553年，明嘉靖皇帝为防范蒙古兵入侵，决定在北京城的外围增建一圈“回”字形的外城，结果因经费不足，采用严嵩的建议，只建成了“凸”字形的南城。这就是北京外城为何不在城外四周，而在城南一隅的来历，外城也由此被称作“南城”。

1895年，清朝建造了天津至北京的铁路，因为担心铁路破坏京城“风水”，将终点站设在了右安门外的马家堡。

1900年，八国联军入侵北京，为了打通北京至天津海港的交通，按照英国工程师金达的设计，强行扒开永定门以东的城墙，让铁路线延伸至内城东南角楼之下，再向西沿着崇文门城墙南侧直抵正阳门东侧，这就是“正阳门东车站”的来历。洋人为了乘车方便，又将东交民巷使馆区南边的崇文门西水关扩建为“水关门”，还特设了一个“水关门车站”。从此，崇文门城墙和铁路结下了不解之缘。

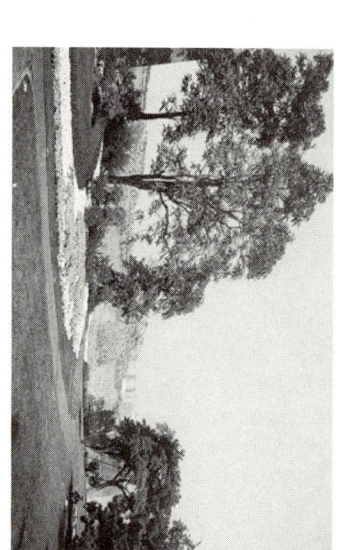

明城墙遗址公园今貌　2007年10月

作品取材于2002年5月　尺寸：56×12厘米

见人爱的珍宝。

1915年，为建设环城铁路，将正阳门至崇文门再至东南角楼的铁路线向北延伸。因路基建在护城河与城墙根之间狭窄的地带，铁路又不能在角直角转弯，因此在东南角楼两侧和北侧的城墙上各挖开一个门洞，以利铁路的弧形弯道通过。这次施工，在崇文门至东南角楼一带的城墙根下搭盖了铁路工棚，住满了修路工人。

1957年，在崇文门内兴建了新的北京火车站，又有大批铁路工人住进了老城墙下的铁路工棚，这一住就住到了2002年，发展至2000户居民。以住从此处经过，只见到密集破旧的工棚房屋，几乎看不到房屋后面还有城墙。也正是由于这2000户居民不易迁移，被铁路工棚团团包围多年的这段1500余米明代老城墙才得以幸存，到如今成了人

2002年，北京市政府投资数亿元另行安置了2000户居民，又从全市征集了大批散落于各处的老城砖，兴建了明城墙遗址公园。虽然修复后的老城墙既不很高大，也不是崭新，可人们都今赞说，这才有老北京城的气氛。是的，失去了城墙的北京，还能算是北京城吗？

消失的胡同——铅笔画中的北京风貌

花市上头条

花市上头条,位于北京市崇文区崇文门外大街东侧。明代属崇北坊管界,清代属外城东城楼区。

花市上头条南面,依次排列有花市上二条,上三条,上四条,西市大街。花市上头条东面是花市中头条,又依次向南排列有花市中二条,中三条,中四条,东依次向南排列有花市大街,及相互关系,必先了解"头条","花市","上"和"中"的来历。

《京师五城坊巷胡同集》记述,明代此处已经自北向南排列有东西向平行的"头条胡同"至"四条胡同"和南面的"神木"大街,其间还有南北向排列的"中板桥","小市口","户部税务分司"3个小巷,将以上各条胡同切割成所谓"头一条",是指位于崇文门外护城河东侧的"中板桥胡同"。可是为何有"头一条"的"营"不变成一个"第二条"?其实在地图上可以看到,崇文门东河沿与崇文门西河沿的相邻处,都明显是崇文门脚下的护城河,那个"河沿"在明代都是绕过两条胡同凸出的原来,这两条"河沿"在明代都是绕过两条胡同凸出的原来,那个后来才演变为河岸南侧的胡同。明代《京师五城坊巷胡同集》将最邻近远护城河南岸的胡

同记述为"头条胡同"的时候,来在护城河南岸与明成祖营建北京宫殿顶备名贵巨材,派遣大量民工去南方采伐金丝楠木等大木。《明史·宋礼传》曾有"进山一千,出山五百"之说,他在四川深山采得"大木数株,皆寻丈(腰围8尺至1丈),一夕自山谷中抵江上,声如雷,不偃一草"。大木自行漓出山谷,这没有压坏一棵草,肯定是未礼为讨好明成祖,而编造的神话,这批大木沿长江和大运河运抵北京后,明成祖正因群臣反对迁都而郁闷,遂将设在文明门(后改称崇文门)外的木仓命名为"神木"厂,将大木入厂内供奉为"神木",以作为天神相助他存皇位于南京,迁国都于北京的证据。神木厂大街即由此得名。

取代了明朝的清廷,自然不会容忍"天助明朝"的神木存在。神木厂大街不久被销,将"神木"迁往广渠门外的皇木厂。神木厂大街至乾隆年间已改称为"花儿市"街,花儿市街不以卖鲜花为主,而以制作和销售假花闻名。民俗专家金受申在民国时的报纸的《北京通》栏目里写道,花市大街制售的假花,用纸张、通草、丝绢等物制作,在清代主要供应满汉妇女作头饰,新年未到,姑娘作插花,小子要炮",即指头上插戴的假花。

花市上头条今貌 2008年1月

一个南北向的小巷为界划分成三段,北半肉胡同(明代的中板桥)以西称为"上头条"至"下头条"(明代的小市口)以东称为"中头条"至"下头条",共计12个"条"。到了清末,南北向的胡同均以增"条"的名称演变成16个"条"。1965年北京整顿地名时,将16个"条"的名称最靠近花市前面大街的"上头条"就演变成了"花市上头条"二字,如"上头条"改称"花市上头条"。按胡同命名规律,花市头条应该是最靠近花市前大街,然后由近至远依次排列二、三、四条,然而头条在明代是以崇文门方向为起点,所以1965年将"上头条"改称"花市上头条"以后,反而离花市大街最远。

随着城市建设的发展,如今花市的16个"条"已所剩无几,大部分被建成新的街区和住宅小区。

作品取材于2003年10月 尺寸:56.5×47.5厘米

消失的胡同——铅笔画中的北京风貌

花市上三条

花市上三条,位于北京市崇文区崇文门外大街东侧。明代属崇北坊营东,清代属外城东南区。

老北京的城门各有特色,崇文门以税关闻名。《京师五城坊巷胡同集》记述,明代在花市上三条东边这边设有户部税务分司,西南边这边设有抽分。《明史·食货志》记述,明代的税官署,有司,局,分司的编制,收税官署里张贴着应税货物项目的榜文,不征行商坐贾,只要拥有的货物在榜上有名,就一律征税。明朝初期规定税率是货物价值的三十分之一,但遇到大修皇殿,或皇帝特别贪婪,都要违例征税,虽然明初规定税率是货物价值的三十分之一,但遇到征暴敛。明朝弘治皇帝时期,京城九门一年所征税是钞票66万余贯,铜钱288万余文,可是到了他儿子正德皇帝时,钞票加征四倍,铜钱加征30万文。

户部税务分司这个地方,到清代演变为"虎叭喇口","虎叭喇"是一种宠物鸟的名称。"虎叭喇口"恰好是有名的鸟市,到民国时期,"虎叭喇"被改称为"虎背口"。

明代的抽分,是按照"九分之一"的税率抽取"竹木柴薪"实物税的官署,崇文门抽分厂在今花市上三条西南边的磁器口健康里。由于抽分厂抽取了大量的竹木柴薪,因此在厂内具有大片的贮存场地,后来围绕着这片场地形成了"口"字形的抽分厂胡同,1965年北京整顿地名时,因胡同紧邻着第四医院,改称为"健康里"。

清代的崇文门税关就设在花市上三条胡同的西口。《清史稿·职官志》记述,崇文门税关的官员是正、副监督和左、右翼长,在清初由大监充任,乾隆时改为内务府官员充任,但必须是满人。崇文门税关是京城城门的总监督税关,号称"第一肥缺",清代的管家刘全也因形似关王是慈禧太后的宠信,他当过两年税关监督,捞到了20多万两银子。慈禧太后的弟弟桂祥只出任税关监督一年,就将他家在方家园的邸翻建一新,还志得意满地说"我这后半辈子,总算不用愁了"。

清人有一首咏崇文门税关诗写道:"九门征税一门专,马迹车尘互接连。内使自收花担税,朝朝捕发掠双钱。"是说小商贩进崇文门时,因手不空闲,就预先在鬓角插上两个铜钱,任税收税的大监掠去,成为他们的额外收入。

过往烟云,税关难觅。老巷古槐,今化作高楼如林。

花市上三条今貌 2007年10月

作品取材于2001年3月 尺寸:84×56厘米

消失的胡同——铅笔画中的北京风貌

花市上四条

花市上四条,位于北京市崇文区崇文门外大街东侧,明代属崇北坊管界,清代属外城东城辖区。

花市上四条,明代旧称"四条胡同",清末划分为上四条、中四条、下四条,这里是花市诸条最靠近花市大街的地方,清末旗人富察敦崇所著《燕京岁时记》说,花市大街每月初四日、十四日、二十四日都有集市,花市乃为上四条,所称为"花儿市"。"花儿市"上既卖日用杂物,也卖花,所谓"花儿市"者,乃卖花妇戴之纸花,非时花(时令鲜花)也。花市有通草、绒绢、绸枝,用头之类,颇能混真。当时制花、售花的店铺称为"花庄",花庄将原材料发放到花市大街周边的居民家里,由家庭作坊制花,从事制花的家庭作坊有1000家左右。那时花市大街还有绕制料器假花和挑补绣花的行业,文绣少年住在花市上头条时,就和母亲、姐妹在家里做挑花以补家用。

文绣家族是镶黄旗满洲旗籍里的蒙古族鄂尔德特氏,祖上早在关外就归顺了努尔哈赤,曾祖父锡珍,在清末当过吏部尚书,她家原住镶黄旗辖区的安定门内方家胡同,拥有半条胡同500多间房屋。

花市上四条今貌 2007年10月

文绣1909年12月20日生于方家胡同老宅,不满7岁时,因父亲早亡,家族败落,姐妹3人随母亲迁到花市上头条租房居住。1916年文绣7岁,入私立敦本小学读书。1910年,《北京市志稿》记载,私立敦本小学成立于1910年,校址在中头条胡同东边的后同沿33号。文绣的堂任女傅端在《末代皇妃文绣的一生》里写道,因交不起学费,文绣对母亲说:"我白天去上学,不耽误帮您挑花活,晚上把白天的话给干出来","文绣也因为起早贪黑地干挑花活,微弱的煤油灯光伤害了眼睛,变成了近视眼"。1921年,12岁的文绣被溥仪选为皇妃,于次年进宫。

流水潺花春去也,繁花落尽,老树嶙峋的花市上四条,如今已成为国瑞城大型住宅楼区。

作品取材于2001年3月 尺寸:84×56厘米

消失的胡同——铅笔画中的北京风貌

东河槽胡同

东河槽胡同，位于北京市崇文区广渠门内大街北侧。明代属崇北坊管界，清代属外城东城辖区，广渠门是北京南城的东城门，在明代嘉靖三十二（1553）年兴建南城城墙以前，这里就是北京城的南郊，那时的"广渠门内大街"一线有地带都是北京城的南郊，那时的"广渠门内大街"一线有金、元时期遗留的老河道。

明成祖迁都北京以来，北京城墙仍是明成祖时期的夯土版筑结构，不耐雨水冲刷。明成祖的孙子明宣宗时期，一直在计划还都南京，因此未曾充善北京城墙。直至明英宗时期，明英宗即位，才确定依旧都北京，于是对北京城大兴土木，将夯土城墙改建为砖砌城墙，四角增建了角楼，各城门皆增建了瓮城和城楼，箭楼，城门口的木桥改建为石桥，又将护城河挖深加宽、砌筑石岸，护城河施工时，曾分段临时筑坝阻水，《明史·河渠志》记述，明英宗"正统间，修城濠，乃穿正阳桥东南注下地，开窦口以泄之，始有三里河名"。

明英宗正统四年（1439年）开挖的泄水巷头条，沿着今前门外长巷头条、北芦草园、南芦草园一线，在北桥湾街和南桥湾之间汇入广渠门内大街一线的老河道，源自右安门其间的"三里河"，故称"三里河"。北桥湾和南桥湾得名，长度约有三里，《光绪顺天府志·水道》记述，明武宗正

德十二年（1517年），此处原有旧桥损坏，附近居民戴通和快山寺的快山和尚发起募捐，集资二千余两银子，重建了坚固宽大，长达700余尺的三里河桥，此桥不仅方便行人，还能约束上游来水，使下游水势平缓，可见当时三里河水量不小。

"三里河流往"渠门内贴板胡同东边家湾、水道子、缆杆市、三转桥等许多与河水相关的地名，其间亦有支流汇入，崇文门内贴板胡同东河槽，沿河槽汇过崇文门东河槽之间，小石桥下间南穿过崇文门东河水关，北河槽向南穿胡同，旧称"猪营"，再向东即东河槽胡同。

清《京师坊巷志稿》记述东河槽"有东城根流所"，"东城"指东河槽胡同所在的外城东城辖区，清代栖流所始建于顺治十年（1653年），是收容流民乞丐的机构，《清史稿·食货志》记述，顺治皇帝时期设置了保甲管理制度，乾隆二十一年（1757年）颁布了十五条保甲管理规定，其中提到"外来无籍之人勿藏容"，少壮者递回原籍安插，贫苦无告所管来"。雍正十三年（1735年）又规定，"凡外来无依及病卧街衢者，该坊总甲报官收入该司，坊官务名登记循环薄，每名日给小米一仓升，隆冬无棉衣给棉布袄一件，每所各备木城五名，隆冬无绝租布棉袄一十，月给工食银五钱，责令看管房屋，照料在所流民人等，且给埃医，报官埃医诊治，有在所病故及沿途卧毙者，官给棺木每口你银人钱，埋于义冢。《明史·河渠志》记述，嘉靖六年（1527年），因通惠河水浅淤塞，漕运受阻，管员桂萼建议扩展三里河水道，终因许多沿岸官员反对而作罢。此后为在三里河上游来自护城河的水源，三里河逐渐干涸，演变为街巷。正阳门外东偏，有在三里河一道"，"前些年北芦草园、草桥写道，"正阳门外两大裁，草桥九条巷，其他下俱没也……"天坛北户人家，物换星移，旧日的三里河一带拆除或部分拆除，东河槽胡同也被缩短了半截，如今只是在还存有东河槽一段，辟为花深月久，还留有润润未散的湿润水气。

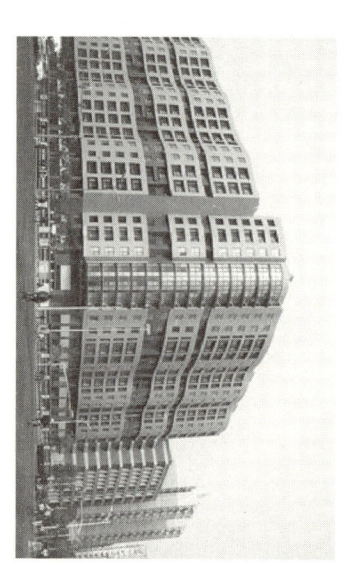

东河槽胡同今貌 2007年10月

作品取材于2001年4月 尺寸：56×84厘米

消失的胡同——铅笔画中的北京风貌

东打磨厂街

东打磨厂街,位于北京市崇文区崇文门外大街西侧。明代属正东坊管界,清代属外城南槔区。

现在的东打磨厂街西口在前门大街东侧,东口与西口在崇文门外大街西侧,二者以北京正阳门为界。打磨厂地名的来历,一说是曾有打磨刀剪的店铺,前门外自明永乐十九年迁都北京后,就是繁华的商业区,明成祖下令在京城各城门要冲地带兴建"廊房",即由官府招商取租的铺面房,至今前门外尚留有廊房头条至廊房三条地名,而最为著名的大栅栏街,原名就是廊房四条。这一带遍布酒楼饭馆、绸庄布铺,又有肉市、鲜鱼口等繁华街市,磨盘磨石和钢刀铁剪总是不愁卖的。《北京市志稿·文教志·艺术》记载,"王麻子,京师者名铁铜工师,刀剪锋利。今打磨厂及宣武门大街均有王麻子招牌,主人未必姓王,唯相沿多年,不辨孰为老王麻子,真王麻子。有一张民国时期打磨厂的老照片,画面里就有挂在一起的"王麻子"和"真正老王麻子刀剪店"两块招牌。同一张老照片里,还有一幅横跨街上

的名牌,上书"三山斋晶石眼镜店,北京只此一家",《三山斋晶石眼镜》即水晶眼镜,北京市档案馆馆藏《1949年眼镜同业会员名册》记载,"三山斋眼镜店,地址打磨厂17号,店员9人,'宝丰斋眼镜店,创业于清代同治三年(1864年)',又有'宝丰斋眼镜店,地址打磨厂232号,店员9人,创业于清代光绪元年(1875年)',还有义明斋、宝乐斋、宝森斋等共8家眼镜店都开设在打磨厂街的。

大栅栏街里的同仁堂药店远近闻名。其创始人乐氏,祖上是浙江宁波人,自明初即来北京行医制药。清康熙年间,乐尊育进太医院成为官廷制药,乐家开办乐家药铺,号称"乐家老铺",即他在打磨厂开办乐氏制药作坊,又称"乐家老铺",同仁堂的前身。同仁堂祖训"炮制虽繁必不敢省人工,品味虽贵必不敢减物力",相传就是乐家丹药咸丰年间,写在《乐氏世代祖传丸散膏丹下料配方》里的。

打磨厂街里有一家同仁堂招待所,使用的老房子是山西祁县乔家大院在北京开办的"大德通票号"旧址,老楼里还有失壁墙,用于贮藏银钱。

打磨厂街还是中国电影放映的发祥地。1902年,一位洋人在打磨厂福寿堂饭庄放映电影《脚踏车赛跑》等电影短片,这是北京第一次放映电影。1903年,一位中国人林祝三自国外带回影片和机器,在打磨厂天乐茶园放映电影,这是北京第一次由中国

人放映电影。

旧时在打磨厂街东段还有多家剧铺和画店,清代天津杨柳青都在打磨厂街设有分店,忠兴号三家年画作坊都在打磨厂一带的戏园去看戏并当场画速写,常到前门一带的戏园去看戏并当场画速写,因毛笔不便使用,他们就用烧焦的柳条作画。

昔日号称长达"三里三"的东、西打磨厂街真是藏龙卧虎之地,可如今已是虎睡龙眠,风光不再。现代人的兴趣已经转移到更为广阔的层面,古老的打磨厂街也逐渐将旧貌换了新颜。

东打磨厂街今貌 2007年10月

作品取材于2001年8月 尺寸:54.5×34.5厘米

消失的胡同——铅笔画中的北京风貌

鏧庆胡同

鏧庆胡同,位于北京市崇文区前门大街以东的西打磨厂街南侧,明代属正东坊管界,清代属外城南城辖区。

北京胡同的名称皆有来历,但是鏧庆胡同缘何得名却难查考。明代《京师五城坊巷胡同集》记述为"栾敬胡同","栾敬"像是个人名,清代《京师坊巷志稿》又记述为"鏧庆胡同",或作"銮",有襄阳、粤西会馆。《燕都丛考》又记述"鏧写胡同"。

梁漱溟的父亲梁巨川的原籍广西,中书省,住在积水潭西岸的銮铜井胡同。1911年爆发的辛亥革命推翻了清朝,1912年袁世凯统治的北京民国政府取代了孙中山创建的南京政府,1917年张勋策动清朝复辟均未遂。对社会动荡深怀不满的梁巨川于1918年在积水潭投水自尽,他生前曾在鏧庆胡同的粤西同乡发奋说他要"为捍卫传统而献身"。

旧时北京的戏曲艺人多住在南城的胡同里,京剧四大名旦之一荀慧生7岁开始在天津学艺,起初学的是梆子戏,1910年,10岁的荀慧生跟着师傅庞艳云来到北京,就住在鏧庆胡同。1913年,荀慧生与师兄庞三秃搭档,在鏧庆胡同北边的打磨厂福

寿堂饭庄首演梆子戏"小放牛",大受观众赞赏。后因北京观众更喜爱京剧,荀慧生才在北京改学京剧,并于1927年被北京的《顺天时报》评为四大名旦之一。

鏧庆胡同虽距前门大街不远,却是个闹中取静的清幽小巷,信步闲行,举目皆是沉甸宁静的一阶下,随处可见豆棚瓜架。偶然拐进一道小门,迎面是满墙的爬山虎,殷红的秋叶掩映着深秋的雍阳。斑斑驳驳地投影在人家的后墙上,一时难辨哪些是叶片,哪些是叶影,其意境不输于印象派油画大师莫奈的《睡莲》。

鏧庆胡同一角　2007年10月

作品取材于2001年5月　尺寸:56×41厘米

消失的胡同——铅笔画中的北京风貌

西兴隆街

西兴隆街，位于北京市崇文区珠市口东大街以北。明代属正东坊管界，清代属外城南城镇区。

西兴隆街，明代《京师五城坊巷胡同集》和清代《京师五城坊巷胡同集》都称为"羊房草场"，清初改称"兴隆街"，因街上有兴隆庵而得名，1965年北京整顿地名时改称为西兴隆街。

旧时"厂"字与"场"字相通，所谓之草厂就是贮草的场所。北京的草厂由来已久，所贮草的场所，燃料、建筑材料和饲料。元代管建的大都是夯土版筑城墙，不耐雨水冲刷，元代管建的大都城（明代改称崇文门）外向东五里立草场，收苇以蓑城，每岁收百万。以苇排织，目下砌上，恐致推蓑，元大都的夯土城墙每年雨季都要披上苇草以防雨水冲刷，因此又叫"蓑衣城"。元文宗时期，因有人阴谋纵火烧城，停止为城墙拔蓑衣，贮苇改用于皇宫厨房的燃料。《明史·职官志》记述，明代工部设有制造和

贮存建筑材料的五大厂，即神木厂、大木厂、黑窑厂、琉璃厂、台基厂。"台基"是防止积水浸泡的高台，高台上堆放着柴新苇草，俗称"柴火栏"。明代在万岁山（清代改称景山）东边设有为皇家养马的御马监，因此改名景山和东边皇城根一带，小草厂胡同贮存草料的地方。

西兴隆街南边的草厂头条至草厂十条，皆因明代的"羊房草场"而得名，羊房草场，是为皇家养羊的地方。《京师五城坊巷胡同集》记载，在山川坛（先农坛）北墙外，有养牲所和养羊胡同，在这里饲养的牛羊应是用于山川坛的祭祀典礼制作供品。《明史·职官志》记述，管理皇家祭享和宴会的光禄寺下设负责饲养牲口的司牲司和司牧局。明《涌幢小品》记述，司牲司和司牧局，每日日食黑豆8合，草1斤。北海西边的羊房草场247只。虎城3只日食羊肉14斤。当时人吃虎喂各项消费的羊肉甚多，难怪要设立规模庞大的羊房草场，每收购一

万斤饲草支出20两银子，但是太监们以军事机密为由不许旁人过问养马数量，曾有官员奏本请求核查养马数，结果被治罪充军。年深岁久的西兴隆街破旧而狭窄，然而还留有几座相当精致的青砖小楼，近几年为了流通门大街的机动车辆，在西兴隆街扩建整治的街道。

西兴隆街路今貌 2007年11月

作品取材于2003年11月 尺寸：84×56厘米

消失的胡同——铅笔画中的北京风貌

河沿厂西巷

河沿厂西巷,位于北京市崇文区珠市口东大街北侧。明代属正东坊辖界,清代属外城南城镶黄区。

在北京常见有几条同名的街巷,环绕着同一片基址。这片基址大都是过去的府衙,府第或衙署所在地。例如在东城区交道口有东公街,西公街从四面环绕着吉安所旧址;在东城区地安门内有吉安所在地。北巷从三面环绕着昔吉安所旧址;在景山周边有景山前街,后街,东街,西街从四面环绕着明代的河沿山公园。而清代的河沿厂胡同等5条同名的街巷,呈"日"字形团团包围着明代的河沿厂旧址。

明代的"厂",既有制造产品的工厂之意,如制琉璃瓦的琉璃厂;又有贮存物料的场地之意,如贮存苇柴薪的台基厂。河沿厂是贮存物料的场地及贮存柴薪的场所,而河沿所是明代收税的税务机构,《明史·食货志》记述,明代的收税机构,司,局,分司,抽分厂,河沿所能征收的税务机关有《实物》和折色(钱钞)区分。又说,税务司局负责征收商贾货物税,抽分厂负责征收竹木柴税,河沿所负责征收鱼税。明初洪武年间全国共有河沿所252个。

明代税收十分繁苛,《明史·食货志》记述,明穆宗隆庆年以来,"凡桥梁,道路,关津,私擅抽税,罔利病民,且累沿繁苦,不能去也"。自明神宗万历年间由于紫禁城两宫三殿因火焚毁之后,又以重建为名,不仅对矿产,水陆盐业、鸡猪皆予征税,旅客及行李和米盐进京迎京述职的官员亦不能幸免。《食货志》还说,明初永乐年间在宝坻县开设"银鱼厂",原为收购银鱼用于祭祖上供,甚至达有税吏将进京述职的官员枉日派遣太监常驻。税官横征暴敛,并日对不产银鱼的武清县等地也要征税,即收购鱼又收税,万历年间的武清派遣太监常驻,即收购鱼又要征收鱼的"外城宫苦河流亦多",崇文门外之三里河等处,北京治门(音武门)外大梁家园等处,皆有样之所住也,后因夷为民居。明代的"厂"实门内至三里河一带皆是水网地区,因此无孔不入的税务当局要在这里开设河沿厂征收税。

清代也有河沿所,其主管称为"大使",属于"未入流",即无品级的官职。清末文人天台野叟著《大清见闻录》记述了一则涉及河沿所的故事。雍正六年除夕之夜,设在皇宫午门内的内阁,忽然来了一位姓蓝的书独自值班,忽然来了一位衣衫华丽的贵人。贵人问内阁文书有多少人?蓝某答他们在北

京有家,回家去过年,我独身一个,又恐内阁临时有事,因此不敢离开。贵人问文书有何前程?蓝某答手好丁未(流)可以得个不入流的小官上了未入流可就是个不入流的小官上了未入流可就是个不入流的小官上去了,可好去处?那里地处海边,船舶往来频繁,好处可就大了,去了。那贵人闻言大笑。第二天皇帝下旨,派内阁文书蓝某去广东河沿所上任,原来那个贵人就是雍正皇帝。

岁月变迁,世事更替,三里河无鱼可钓,河沿厂无税可收。这一带拥挤狭窄的古街老巷,现已化作有通天坛公园的祈年大道。

河沿厂西巷今貌　2007年11月

作品取材于1998年8月　尺寸:84×54厘米

消失的胡同——铅笔画中的北京风貌

珠市口东大街

珠市口东大街，位于北京市崇文区珠市口以东。

明代属正东坊管界，清代属外城南城镶区。珠市口旧称猪市口，珠市口东大街在明代分作两段，旧称猪市口东大街和东三里河大街，在清代分作三段，旧称东珠市口、三里河、东柳树井，1965年北京整顿地名时统称为珠市口东大街。珠市口东通广渠门内大街，西接广安门内大街，北至前门大街，南达永定门内大街，可谓是南城的通衢要路所在，然而珠市口得名与"珠宝市场"无涉，其旧称为"猪市"。在老北京，正对着城门的大道路口，多设有农畜产品市场，久而久之此门的大道路口，多设有农畜产品色彩，例如阜成门内旧有羊市大街和羊市口，朝阳门内旧有马市大街和驴市大街，广安门内旧有骡马市大街，德胜门内曾有果子市大街。不仅四面通衢之处的珠市口日日曾有猪市，而且往东去的磁器口旧称瓷器市，东南方又有葱店。再往东去的珠营胡同旧称猪营胡同，《燕都丛考·外城总记》讲述，"外城北面繁盛，南面较荒僻"，外城南部的"永定门，左安门一带，仍多荒芜，蒿塘菜圃，与家墓相间，右安门一带，多在外城以内。查看民国时期北京地图，遍布外城的顺府义地，京师警察厅义地，四川义地，福建义地等各类坟地下数十处。纪晓岚在《阅微草堂笔记》里讲述了一则涉及珠市口的鬼故事，有个进京陛选的官员住在珠市口，晚上在横街（今宣武区南横街）饮酒，夜深返回时抄近道经过香厂（今宣武区香厂路），因灯笼熄灭，到一个亮着灯的人家去借火，不料那家妇人

珠市口东大街今貌 2007年10月

竟留官员作枕席之欢。完事以后官员付给银两，那妇人不要，只求官员得到官职去上任时，聘用一个妻死子幼的失业长随（官员的跟班）。官员戏称，到那时你也同我一起去上任吧，妇人说，我就是那个长随的亡妻。官员出门回头一看，刚才的人家是一座新埋的坟墓。纪晓岚评论说，一个长随以身相许，可竟然如此要紧，以至于连女鬼都不惜以身相许，可见长随能倚仗官势，大把捞钱。

以前狭窄破旧的珠市口东大街，现在是宽阔敞亮的两广大街中的一段，原来随着三里河故道弯成的九曲八弯也被裁弯取直。如今北京新建的住宅区已扩展至五环路，放射至远郊县，昔日"苇塘菜圃，与冢墓相间"的荒僻南城，早已成为炙手可热的黄金宝地。

作品取材于2001年8月　尺寸：116×20厘米

消失的胡同——铅笔画中的北京风貌

西晓市街

西晓市街，位于北京市崇文区天坛公园北侧。明代属正东坊管界，清代属外城南城辖区。

现在的西晓市街西起珠市口附近的西草厂街东侧，东晓市街东至崇文门外大街西侧，中间以鲁班馆胡同为界，在民国时期统称为晓市大街，因地处崇文门外的北晓市和宣武门内的西晓市并称为三大晓市。

晓市，即棚晓市之前在街头摆摊的二手杂货市场。1935年北平市政府秘书处编纂的《旧都文物略》记述，"每值鸡鸣，买卖者荟集合于斯，以交易。售品半为骨董，半系旧货，新者绝不加入。以其交易皆集于清晨，因名晓市。买诸鬼市，亦输其作夜交易耳。"《旧都文物略》还说北平有三处晓市，其实是错误的。又说北平则以估衣为大宗。"宣武门地近琉璃厂"，故多骨董书画，德胜门多家具，崇文门则以估衣为大宗。

通常认为晓市起源于清朝覆亡以后，依附于清朝的官宦人家失去原有的俸禄，家境人及落，才被迫出售家私换钱度日。他们卖东西时羞见人，遂常在天明之前上市交易，然而晓市在清朝就已存在。清代名人纪晓岚酷好吸烟，外号"纪大烟袋"，他有一支桦木与的烟袋锅，一直吸至圆明园，纪晓岚的大烟袋钢丢失过一次，被其从虎坊桥家里出发，

捡拾者拿到崇文门东晓市叫卖，因烟袋锅太大没有人买，结果又被纪晓岚找了回来。

《光绪顺天府志》在记述崇文门外巷时提到东晓市，"其东北亦称黑市"，此处"黑市"即指夜里黑交易的市场。清代《宸垣识略》记述，"东小市在半壁街南，隙地（空地）十多亩，每日黄卯二时，货旧物者交易于此，唯有估衣最多。半壁街，在今西晓市街之北，即今凌晨3时至7时，晓市上卖估衣的估衣时，《货旧物者》"货旧物者"，"住衣"，即卖旧物时，旧时有一首《都门竹枝词》说到货底色，"换底朝靴破烟靥，纸粘头皮换旧绸缎。晓市朝衣破裆贩，小市便宜买得未。"

西晓市南侧的大新胡同，"格棺店"与"格棺"两条胡同合并而来。"格棺"是用耀糊将破旧碎布粘贴而成的硬片，用于制作鞋底。民国时期专栏作家金受申说，穷家妇女将低价收购来的破旧衣物改制成衣服和布片，拿到晓市上去做鞋底，西晓市街北侧的鲁班馆，旧称"鲁班馆"，有纪念鲁班的馆堂，是本器具买卖商贩集中的地方。

明清时期的东、西晓市街，北有三里河，南有金鱼池。明末《帝京景物略》记述，原有许多私家园林。明末清侯李伟，万历皇帝的外祖父武清侯李伟，曾将附近水引入三里河附近的私家化园，建成清华园，园中可以泛舟，《燕都从考》记述，晓市街上摊贩聚集的名园，

可能就是李伟花园的遗址。

如今在东晓市街，有一座金台小学，清代顺治皇帝赐给洪承畴的别墅，旧前身是清代顺治五十一年（1702年），顺天府计划合并大兴宛平两县义学，开办在京城养善义学，要将洪庄全部买下，洪承畴的孙子洪奕向皇帝提出不愿出让洪庄。于是假装向皇帝提出要献庄办学，会收回后赐给洪家的洪庄，不料弄假成真。康熙皇帝欣然应允，还为筹建中的养善义学写了"广育群才"匾额。乾隆十五年（1750年），养善义学改成金台书院，民国时期改办小学，解放后改称东晓市小学，近年，这座有300年历史的学校又恢复了"金台"旧称，改名为金台小学，校园格局的基本保持着《光绪顺天府志》插图上描绘的规制。东晓市街上的第十一中学，也是在昔日药王庙旧址上开办的。

西晓市街今貌

作品取材于2006年7月 2008年1月 尺寸：56×41厘米

消失的胡同——铅笔画中的北京风貌

小江胡同

小江胡同，位于北京市崇文区前门大街东侧。明代属正东坊管界，清代属外城中城辖区。

小江胡同在清代称为小蒋家胡同，与之相邻的为大江胡同在清代称为大蒋家胡同，在明代称为蒋家胡同。这个给胡同留下大姓蒋家的将军，有人说是明朝姓蒋播的将军家，有人说是明朝的蒋瑶，史无可查，究竟是谁尚待明确。不过《京师五城坊巷胡同集》的记载，小江胡同大部分宅院已于前门地区改建工程中被拆除，但是胡同里最为引人注目的平阳会馆戏楼得到了保留与重修。

北京南城有大量明清时期留存的会馆，"会馆"一词，可以理解为"供进京参加会试人员居住的旅馆"。明清时期，取得"秀才"功名的士子，有资格参加本省举行的"乡试"，去考取"举人"。应届秋季在本省举人和往届的举人，有资格参加在春季在京城举行的"会试"。会试合格者称为"贡士"，贡士再经过"殿试"，即可成为"进士"。分为"三甲"，即三个等级。第一甲称为"赐进士及第"，只有三名，即状元、榜眼、探花。第二甲称为"赐进士出身"，第三甲称为"赐同进士出身"。进士有资格出任正六品或正七品县令。在交通不便的古代，各地举人以及熟悉环境和温习功课艰难，为了不误考期以及熟悉环境和温习功课，

们达须提前到京，寻找旅馆和食宿开销又是一大负担。在京官员们念及自己当年赶考经历的酸难，纷纷发起集资捐款，购买房屋建立会馆，为同乡进京提供食宿方便，此为会馆之起源，也是会馆名称都冠以地名的由来。

平阳会馆始建于明代，在清代又有多次维修和扩建。会馆坐西朝东，有三路院落，小江胡同里占据了3个门牌号。会馆的中路院落中建有体量庞大的戏楼，与湖广会馆，安徽会馆和正乙祠的戏楼并称为北京民间四大戏楼，通常皇家的戏楼，如故宫里的畅音阁与颐和园的德和园，看台都设在戏楼对面的宫殿里，戏台和看台都是同一座庞大的楼房里。这座卷棚歇山屋顶的楼房包制则类似西方的歌剧院，戏台占据一面，另外三面都是楼阁式厢，楼下是池座，整体为木结构，屋架上有两根长达25米的金丝楠木大柁，殊为难得。

平阳会馆戏楼的始建年月尚无确证，但是戏楼留有一块黑地金字大匾，题词为"醒世铎"，署名为王铎。"铎"，是内部悬有撞锤的大铃，王铎，是明末清初的大书法家，曾被后人评价为"后王胜先王（王羲之）"，又与董其昌齐名，王铎是河南孟津县人，生于明代万历二十年（1592年），天启二年（1622年）在北京考中进士，历任尚书，大学士，李自成攻破北京城后逃往南京，清代顺治二年在南京降清朝，顺治九年北王，（《清史稿·部院大臣年表》记载，顺治九年正月，王铎升任礼部尚书，半个月后病死，顺治做是1652年，王铎为戏楼题匾自然在此之前，戏楼兴建当然也应在此之前。

拆迁之后的小江胡同已经成为历史，保留下来的平阳会馆戏楼里仍将搬演历史。有关部门计划，戏楼整修完工后，将要恢复戏剧演出。

阳平会馆戏楼一角

作品取材于2001年5月　尺寸：56×41厘米　2008年1月

2005년 중국운남성 여강시에서

消失的胡同——铅笔画中的北京风貌

煤市街

煤市街，位于北京市宣武区大栅栏地区。明代属正西坊管界，清代属外城中城辖区。

煤市街，北起廊房头条西口，南至珠市口西大街，明代旧称煤市口。清代分为北煤市街和南煤市街，其间曾有煤市桥。《京师坊巷志稿》说煤市桥只是个地名，并没有桥梁。民国时期，此街的北段聚集了一些纸店，又称纸巷子，1965年北京整顿地名时，此街由北至南统称为煤市街。

北京地区以煤为燃料，至迟可以上溯至元代。元代《析津志》记述，"煤市，（在）修文坊前"。又说，"城中内外经纪之人，每至九月间买牛装车，往西山窑头载取煤炭……冬月则冰坚水涸，车牛直抵谷前。及春则冰解，深河（永定河）水泛则难行矣……北山又有煤，不佳，郁中人不取，故价廉"。明代的"煤胡同"，当是卖煤的市场。《清史稿》记载，清代的工部还曾设有"煤炭监督二人"，管理煤炭事务。

清代《宸垣识略》记述，大学士朱轼的邸在煤市街，家里有雍正皇帝御书的"朝堂良佐"匾额。《清史稿·朱轼列传》记述，朱轼是江西高安人，康熙三十二年（1693年）考中进士，入选翰林院，康熙五十六年（1717年）升任浙江巡抚。他在主持修筑海塘时，了解决沿海流沙地基不稳的难题，使用了"水柜法"，即用木板造柜，内填碎石，作为堤坝的基础。上面再用巨石砌筑提身，获得了成功。雍正皇帝即位后，提升朱轼为大学士兼吏部尚书。弘历即位后，弘历应为大学士弘历的老师。弘历历即应为大学士子弘历的老师，弘历御亲年（1736年）九月，朱轼病重，乾隆皇帝亲临其家探望，沈日朱轼病故，乾隆皇帝再次亲临其家祭奠。如此说来，煤市街曾留有乾隆皇帝的足迹。

《宸垣识略》说，前门大街以西与煤市街一带，"此皆市廛旅店商贩优伶丛集之所"。清代后期至民国时期，戏剧演员多居于煤市街西侧的百顺胡同和韩家潭胡同一带，而他们演戏的戏园多位于煤市街东侧的大栅栏—

1935年北平市政府秘书处编纂的《旧都文物略》记述，当时著名的戏装店就设在煤市街路西。丰协成戏装店有三家，其中的玉丰协成戏装店就设在煤市街路西。1934年，煤市街上又开办了三义永戏衣庄，曾为梅兰芳、李玉茹等著名演员以及富连成、荣春社等京剧科班承做戏装。三义永戏衣庄一直经营至1966年。煤市街上有名的美食有正明斋糕点铺，1808年创办的致美斋饭馆，1864年创办的泰丰楼，以及紫竹林等饭馆都设在煤市街上。

现在的煤市街已经扩建成为前门大街西侧又形成了店铺密集的新商业街。

煤市街今貌 2007年11月

作品取材于2001年8月 尺寸：56×41厘米

消失的胡同——铅笔画中的北京风貌

培英胡同

培英胡同，位于北京市宣武区大栅栏地区。明代属正西坊管界，清代属外城中城建区。

培英胡同，在明代称为"马神庙街"，在清代称为"大马神庙"。其北侧的培智胡同，在清代称为"小马神庙"。培英胡同自明代就建有供奉马神的庙宇。

马为六畜之首，自古就是人类从事生产、生活及战争的帮手。明太祖定都南京之后，于洪武二年（1369年）在皇宫北面的后湖设立祭坛，仿照《周礼》的规定，每年春季祭祀"马祖神"，即天驷星；夏季祭祀"先牧神"，即蒉先养马者；秋季祭祀"马社神"，即马厩神。《明史·礼志》记述，洪武四年，蜀地进献良马10匹，其中1匹大白马身长大余，步神骏，即马辔不驯，明太祖派人祭以"马祖神"，然后叫人用400斤重的沙囊压在马背上，骑着马四处游走，终于驯服了大白马，明太祖赐名"飞越峰"，马到清凉山去赏月，归来后"大悦"。

明成祖计划迁都北京时期，于永乐十三年在北京建花池设立了马神庙。明代在北京共有9座由皇家祭祀的祠庙，马神庙是其中之一。

明朝虽然推翻了元朝，但是明成祖迁都北京的目的之一，就是号称"天子守边"。他曾经5次由北京出发，亲自率军北征。由于军事需要，明代注重养马，数量颇多自的马神庙也应运而生，例如景山东侧的沙滩后街，旧称"马神庙街"，那里是明代御马监所在地，曾建有官办的马神庙。

明代《宛署杂记》记述，永乐十年（1412年），朝廷命令北直隶（今河北省）农民养马，命令北直隶农田一半缴纳粮赋，称为"征粮地"，一半不缴纳粮赋，但要缴纳雄马，称为"免粮地"每50亩要缴纳雌雄马一匹，官府验收时测量马匹身高，4尺以上为上等，3尺9寸为中等，3尺8寸为下等，3尺7寸以下不合格。官府验收时测量瘦马匹，责令买马赔补，还要治罪，如马瘸腿、死亡、鬃尾被割，责令买马赔补，还要治罪，相传培英胡同20号院是京剧名人王瑶卿故居，相传就是明代马神庙的旧址。但是，仍然住在此院的王瑶卿家后人却说，王家几辈子住在这里，从未听说过此院是马神庙旧址。王瑶卿生于1881年，卒于1954年，他开创了京剧青衣行当，首创了京剧由旦角挑大梁挂头牌唱大轴戏的纪录，他的徒弟，后来的梅、尚、荀四大名旦都曾接受过他的指导，他在京剧界号称"通天教主"。培英胡同东口煤市街扩展机动车车道工程时，培英胡同东口被拆迁了一部分，余下部分的老宅门得到了修缮。

培英胡同今貌　2007年9月

作品取材于2000年8月　尺寸：56×41厘米

消失的胡同——铅笔画中的北京风貌

大力胡同

大力胡同，位于北京市宣武区大栅栏地区。明代属正西坊管界，清代属外城中城辖区。

大力胡同及其北侧的小力胡同，在清代旧称大李纱帽胡同和小李纱帽胡同，相传因这里曾有制作和销售纱帽的李家作坊而得名。1965年北京整顿地名时，将大李纱帽胡同改称为大力胡同，小李纱帽胡同改称为小力胡同。

过去大栅栏地区的"八大胡同"原不限于八条胡同，旧京曾有两句话概括了这一带青楼妓馆密集的胡同名称："王寡朱百石广火燕纱"，其中的"纱"即指大李纱帽和小李纱帽胡同。相声大师侯宝林11岁时，曾住在天桥福长街二条颜师傅家里学习唱戏。他在回忆录《一户侯说》里讲述，他每天到天桥三角市场露天唱戏，"从午饭后演唱，一直唱到晚饭前止。吃完晚饭，我再背着师兄（师兄患软骨病，是师傅的儿子），从天桥三条到南小市宝林院卖唱，到一家，先从背上将师兄放下，院起来。每到一家，我打板，拉个小开门或是夜深沉，接着，师兄唱目日到各居里问他，老爷，您听段儿二黄（京戏）吗？每个院都是这样，从石头胡同、陕西巷（今陕胡，经王广福斜街（今棕树斜街），博兴胡同往东，大李纱帽胡同，小李纱帽胡同，火神庙夹道（今清

风夹道），再往西返回石头胡同，一直串到午夜回家，基本上每天如此。"

上文所提到的那些胡同，在过去均为胡同。博兴胡同只有200米长，共有16家妓院。小李纱帽胡同有21个门牌，也有12家妓院。152米长的火神庙夹道，为"褡地"，搭地是最怕严寒和酷暑季节观众稀少，又怕下雨天气，称为"雨来散"。艺人白天卖艺所得不足维持生活，只好晚上再去八大胡同的妓院里卖艺挣些小费。

大力胡同西口达座小楼，可能就是昔日的"青楼"，那残存的檐板上还留有雕刻精致的花纹，后来却被改建成了水泥"方盒子"。

大力胡同今貌　2007年10月

作品取材于1995年10月　尺寸：85×56厘米

消失的胡同——铅笔画中的北京风貌

陕西巷

陕西巷，位于北京市宣武区大栅栏地区，明代属正南坊管界，清代属外城北城楂区。

陕西巷在明代《京师五城坊巷胡同集》已有记载。胡同呈南北向，纵贯于大栅栏南部地区，北口接铁树斜街（旧称李铁拐斜街），南口通珠市口西大街，是个交通便利的地方，在旧时亦属"八大胡同"之一。

旧时八大胡同妓院也分等级，一等妓院私称为"清吟小班"，妓女多来自苏州、杭州、扬州，自幼学习歌舞弹唱，有的还会琴棋书画。二等妓院私称为"茶室"，三等唱档称为"下处"。陕西巷的清吟小班里曾出过两个知名妓女，即赛金花以及小凤仙。有关赛金花的故事很多，清末文人曾朴东则写成小说《孽海花》，较为贴切的说法是，1934年北京大学刘半农教授和学生商鸿逵经十几次直接采访写成的《赛金花本事》。

赛金花本姓赵，原籍安徽徽州，在苏州居住。13岁时因家道中落，到苏州花船上做了卖艺不卖身的"清倌人"。不久在花船上受到官员洪钧的赏识，纳为小妾。这年赛金花14岁，洪钧50岁，4个月后，洪钧守孝期满购回京，赛金花也随之入京。比四房正妻不愿出国，因洪钧正要出使欧洲三年，遂由赛金花陪同出国。《清史稿·洪钧列传》记述，洪钧"历任湖北学政，侍读学士，同治七年(1868年)为兵部侍郎出使俄、德、奥、和四国，同治十三年充出使大臣，总理各国事务衙门。"光绪十六年(1890年)回国后，接任江苏洲处灵桃尚书。三年后又去东城史家胡同买了大宅院，接任总理前门外小草厂，就去了上海开设妓院。1898年，赛金花去天津，洪钧即于1893年病逝，住在前门外小草厂。1898年，赛金花护送灵柩回苏州家，就去了上海开设妓院。1898年，赛金花进京后，接任总理前门外小草厂。

开设了"金花班"妓院，1900年，赛金花为躲避天津义和团战乱，逃难到北京，因会说德语，结识了德国军官。八国联军撤退以后，还与德军统帅瓦德西有过交往。1905年，因手下妓院撤去名姓开销一空，她说自称每天还去德国使馆，能帮一个元宝。1905年，八国联军撤退以后，她说自称每天还去德国使馆，能帮一个元宝。刑部判处赛驱逐出京，转去上海继续开妓院，1918年，赛金花嫁给国会议员魏斯炅为妾，重回北京居住。1922年魏斯炅死去，赛金花移居国会西堂居住。于1936年64岁时在贫病交困中死去。

小凤仙是陕西巷云吉班里的妓女，因与蔡锷将军的交往而名声大振，历久不衰。有资料记述，小凤仙是浙江杭州人，母亲是夫家的小妾，因受大老婆歧视，遂带着她离家出走，不久因病无着，将她卖给一位胡师傅到南京学戏，由姓张的奶妈收养，因此她改姓张，不久母亲病故，由师傅带她到北京上海。1911年辛亥革命期间杭州爆发战争，张奶妈带着她逃往上海，因失食贫困，就把张氏小凤仙卖给胡师傅到北京。1916年蔡锷将军赴日本，取艺名"小凤仙"。约在1915年，小凤仙被胡师傅卖到北京陕西巷云吉班当妓女。年仅15岁，此后小凤仙11月8日病逝于日本，年仅34岁，此后小凤仙飘零流落，据说曾嫁给东北军王师长为妻。

1949年，49岁的小凤仙在沈阳与53岁的东北人民政府机关工人李振海结婚，成了李振海四个子女的继母，梅兰芳的秘书许姬传在《许姬传七十年所见所闻》书中写道："1951年，梅兰芳剧团回到沈阳演出，有一天，交际处处长递大家的一封信，（信里）自字，落款的名字却引起大家的兴趣——原在北京陕西巷住，张氏小凤仙，现改名张洗非"。梅兰芳夫妇请交际处帮助小凤仙与园安排了工作，1954年，更名为张洗非的小凤仙病逝，终年54岁。

1998年，李振海的70多岁的子女们才知道，当年的继母张洗非原来就是小凤仙。他们回忆说起小凤仙"爱美、整洁、不爱干活"，"刚建国的时候，大家都穿得很土气，可是她特别爱穿旗袍，而且在跟一则别着一个小手帕"，"继母特别喜欢看照片，她总是拿出那张静静地看，看照片时也从不让请我们，那是她和一个年轻男人的照片，照片里的男人很英武，胸上有着很大的章，衣服上还有很多的黄色的穗。我就问她是谁啊，她总是淡淡一笑，回答这是一个朋友。"

小凤仙那次与梅兰芳见面，是李桂兰陪她去的。李桂兰回忆说，继母的"葬礼我去了，父亲把继母喜欢的照片放进棺材里，其他的都烧掉了，我记得应该是秋天的时候。"

蔡锷将军生前送给小凤仙一副对联写道："不幸周郎竟短命，早知李靖是英雄，信美终同尘"。蔡锷病逝后在北京中央公园（今中山公园）公祭时，小凤仙送去的挽联引用三国周瑜和唐朝女红拂两行东倒西正屋的陕西巷啊。

陕西巷一角　　2007年10月

作品取材于2000年11月　　尺寸：85×56厘米

消失的胡同——铅笔画中的北京风貌

韩家胡同

韩家胡同，位于北京市宣武区大栅栏地区。明代属正南坊管界，清代属外城北柱首区。

明清时期，由西苑南海流出一条河沟，经今北新华街、南新华路，注入虎坊路南口处的南下洼子。这条河沟在今新华街、虎坊桥、百顺后河等一带留下丁地名。韩家胡同积水成潭，又在地势低洼的韩家胡同原有的水潭相汇。《北京市宣武区地名志》记述，韩家胡同原有的水潭在明代称集贤潭，清代因韩元少居住于此，故又称韩家潭。

韩元少是苏州人，生于明崇祯十年（1637年），清康熙十一年（1672年）秋季赴北京顺天府乡试，考中举人。沈自南等春季参加全国会试，尽快撤销。当时康熙皇帝对策正在筹划撤除三藩，地方割据势力。韩元少的卷首先笔荟书"第一甲第一名"，点为状元。韩元少的历任内阁学士兼礼部侍郎，翰林院学士。礼部尚书。韩元少等高官，主编过《大清一统志》。《清史稿·韩元少传》说他"谈吐通玉经，好山水。朋游饮酒，欢谐终日，而制行不苟"。《清史稿》表彰他"天下才，美风度，泰对诚实，学问优长，文章大雅，前代所仅有，所撰扎能道联意中事"，并赐他匾额"笃志经学，润色鸿业"。康熙四十三年（1704年），韩元少68岁时病逝于北京。

《清史稿》说韩元少的儿子韩多基也是进士，在雍正年间参加过编修《明史》，活到了90岁。

为芥子园。他刊印的画册名为《芥子园画谱》。李渔在南京的住处称在北京韩家胡同的住处也叫芥子园，已成为广东会馆。

李渔，别号笠翁，浙江兰溪人，是明末清初著名戏剧家。主要作品有剧本《笠翁十种曲》和讲述戏曲理论、美食、营造、园艺的《闲情偶寄》等。李渔擅长造园叠石。北京二龙路郑亲王府的花园"惠园"，美术馆后街黄米胡同的"半亩园"，都是李渔设计营造的。李渔还著有讲述诗词楹联的《笠翁对韵》，至今仍为人们所传诵的"天对地，雨对风，大陆对长空，山花对海树，赤日对苍穹"，即出自该部著作。

乾隆年间四大徽班进京，其中率先进京的庆升班就住在韩家潭。后来很多戏班和戏剧名家也居于此。韩家潭和相邻的百顺胡同、虎坊桥一带，开始形成最早的京剧界就设在韩家潭的北京戏剧界就设在韩家潭。

韩家潭胡同西端是堂子街，旧称堂子胡同，因堂子里那些容貌清秀、男扮女装的男旦被引诱为"堂子"。堂子里那些男妓，清初禁止官员嫖唱，故俗称为"像姑"，"像姑"也被讹称为"相公"。清

未至民国时期的学者齐如山在《齐如山回忆录》中说："私寓又名相公堂子。在光绪年间，这种私寓前后总有一百多处。光绪二十六年（1900年）以前四五年中，就有五、六十家之多，可以说都是私寓。"1900年庚子之乱以后，朝廷大素，朝延下令不上香营员嫖唱之事，此后八大胡同才开始顾大量公开挂牌的妓院，因此说在八大胡同，是戏班早于妓女，高档妓院，曾有环采阁、金美楼、满春院、南班"。高档妓院，旧日的大胡同里多为"南班"。高档妓院，旧日的韩家潭胡同里多芥子园踪迹难寻，韩元少府邸亦无见，金风楼、燕春楼、美仙院、庆元春等20多家，青楼已被改建成红窗红瓦的所绘，即是一座旧日的"青楼"，不过几年后再看，青楼已被改建成红窗红瓦的"红楼"了。

韩家胡同一角　2007年9月

作品取材于1996年6月　尺寸：85×56厘米

消失的胡同——铅笔画中的北京风貌

大百顺胡同

大百顺胡同，位于北京市宣武区大栅栏地区。明代属正南坊管界，清代属外城北城错区。

老北京城的"前三门"（正阳门、宣武门、崇文门）以南称为南城，亦称外城。《燕都丛考》记述，北京城以南北两部分，"外城口为男分为南北两部分"，"外城主要指前三门以外多在南城，南面较荒僻，故俗有'中城（中城主要指前门大街两侧）珠玉锦绣，东城（清代）汉人之宅京师者，多在南城'，且当时'外城则为商人荟萃之所'，故俗又有'东富西贵'之谚。

老北京城五名富人们寻欢买笑的销魂之盛，自然少不了达官贵人们寻欢买笑的销魂之盛。那里的西院、南院，勾栏胡同的妓院多在砖塔胡同一带，那里的妓院集中的塔胡同。元代都是妓院集中的区域，明代的妓院多处也是灯市口以东，那里是妓院、南院。演乐胡同等处也是灯市口以东，中的妓馆。清代将北京内城划为八旗驻区，不准在内城开办戏馆，妓院，此后逐渐在外城形成了"东富西贵"之间的大栅栏"八大胡同"。

八大胡同泛指大栅栏一带地区青楼妓馆密集的地方，并不仅限于八条胡同。旧京曾有歌谣说道：

八大胡同自古名，
陕西百顺石头城。
韩家潭畔弦歌杂，
王广斜街灯火明。
万佛寺前车辐辏，
二条营外路纵横。
貂裘豪客知多少，
簇簇胭脂坡上行。

八大胡同（陕西巷、百顺胡同、石头胡同、韩家潭、今称韩家胡同）、王广斜街（今称王广福斜街）、万佛寺前与石头胡同之间小巷、今称万福巷（陕西巷外路纵横）（大外廊营、小外廊营）、胭脂胡同。

其实八大胡同最早并不以妓院闻名，而是因戏班、艺人聚集著称。清代乾隆五十五年（1790年）是乾隆皇帝80岁大寿，安徽三庆班应召进京演戏祝寿，此后安徽四喜班、和春班、春台班相继前来，留在北京，史称"四大徽班进京"。清人杨掌生作于道光年间的《京尘杂录》记述，"四大徽班寓居大下处，春台寓在百顺胡同，三庆寓韩家潭，四喜寓陕西巷，和春寓铁拐斜街（今铁树斜街），百顺胡同道路宽敞平直，胡同里住过戏剧名家程长庚、杨小仙、俞菊笙、陈德霖、迟月亭等人，民国皆号称"八大胡同之首"。胡同里开设过群芳馆、凤鸣院、泉香班、美凤院、鑫凤院等

戏班。艺人聚集著称，清代妓院闻名，而是因满湘院、荷花馆、松竹馆、鑫雅阁、阆香院、美锦院等10多家"高等"妓院。

百顺胡同西端有两个分支，一为小百顺胡同，一为北经韦家桥（今称藏家桥胡同）可达南新华街，西北经韦家桥（今称藏家桥胡同）向西北经韦家桥（今称藏家桥胡同）向南流经琉璃厂的河沟。

百顺胡同西侧妓院之后，有不少妓院老房改建为旅馆，也有一些占地较大的妓院被分割为民居，走在这一带胡同里，时常会见到昔日妓院遗留的小楼。破旧的门窗和檐板多残存着暗绿的油漆，难怪过去妓院又称为"青楼"。

大百顺胡同今貌 2007年10月

作品取材于1995年9月 尺寸：85×56厘米

消失的胡同——铅笔画中的北京风貌

留学路

留学路，位于北京市宣武区珠市口西大街南侧。明代属正南坊营界，清代属外城中城辖区。

留学路在明代旧称"牛血胡同"，清代《京师坊巷志稿》记述牛血胡同旧日曾有牛肉市场，相传牛血胡同因旧日曾有牛肉市场，市场上每天宰牛流血而得名。牛血胡同附近的珠市口，明代旧称猪市口，周边还有宝鸡巷、养牲所、埋马坟、焦狗头胡同等涉及牲畜的地名，因此牛血胡同曾有牛肉市场的说法大致可信。

老北京城的南城井市繁盛，以珠市口东、大街以南除了天桥以西大街一带，其余地带较为荒僻，大栅栏内的先农坛和天坛之珠之外，居民稠密。永定门内的先农坛和天坛之珠之外，大街以南繁盛。民国时期有一篇《记城南》文章说，这一带"原有明沟，以通香厂积水，夏日暑气蒸蒸，行者掩鼻而过……"名为香厂，其实是恶臭熏人。1914年，北京民国政府内务部总长朱启钤兼任京都市政公所督办，他决定在香厂地区建设北京新市区。

朱启钤于 1914 年提出的香厂地区建设计划说，北至虎坊桥大街，西至虎坊路，东尽虎坊桥大街，区为十四路，经纬纵横，各建马路，络绎兴修，以利交通"。在这个建设计划里，"南城先农坛"、"牛血胡同"取谐音雅化得名，《京都市已筑道路及筑造时期表》收录 1916 年建成香厂路和万明路，香厂路以老地名"香"成香厂路和万明路，香厂路以老地名"香"厂"得名，万明路以旧有"万明寺"得名，先农坛北侧的龙须沟西沟改建为地下排水暗沟，地上铺设了道路，以旧有"永安桥"而命名为"永安路"。1918 年又将先农坛外墙东口有一条弯弧状的天桥市场斜街，现在的北纬路和南纬路，就是先农坛外墙拆除，修建了北纬路和南纬路。

香厂地区经过十余年建设，相继建成的天桥市场斜街、福长街、禄长街、养长街等住宅区和城南游艺园、新民戏院等娱乐场所，多为新式建筑，可谓为北京最新式之商埠。在万明路和香厂路交叉处，还建有 4 层楼房的新世界商场，内设电梯、剧场、电影院、餐饮、商店、杂技场，还有屋顶花园，一时成为城南胜景。1919 年，"五四运动"期间，陈独秀曾在新世界游艺场散发《告北京市民书》传单，被军阀政府的警察逮捕。

1928 年，北京民国政府南迁与南京政府合并，北京都市政公所撤销，繁盛一时的香厂地区冷落。近年，随着两广大街的开通与天桥地区的复建，这一带又重新萌发了生机。

留学路一角 2007 年 11 月

作品取材于 2000 年 4 月　尺寸：85×56 厘米

187

消失的胡同——铅笔画中的北京风貌

琉璃厂西街

琉璃厂，分为琉璃厂西街和琉璃厂东街，位于北京市宣武区和平门外琉璃厂东街两侧。明代以此由北向南贯穿琉璃厂的河沟为界，西街属宣北坊管界，东部属正西坊管界。清代属外城北城箱区。

琉璃厂曾是元、明、清三代为皇家烧制琉璃瓦件的窑场。《光绪顺天府志》记述，乾隆三十五年（1770年），琉璃厂的窑户挖土时，发掘出辽代官员李内贞的墓葬，墓志称李内贞死于江保宁十年（978年），葬于"京东燕下乡海王村"。"京"，即位于今北京市宣武区广安门一带的辽代燕京城，琉璃厂恰在燕京城东，从此人们又将琉璃厂地区称为海王村。1917年开辟丁海王村公园。

康熙时期王士祯所著《香祖笔记》记述，当时"京师书肆皆在正阳门外西河沿、琉璃厂间有之"。及至乾隆年间容场被迁往西郊琉璃渠村之后，琉璃厂地区逐渐发展成为著名的书市和古董、字画商街。清人戴璐所著《藤阴杂记》记述，乾隆三十八年（1773年）开始编纂《四库全书》，在翰林院设置四库全书馆，"每日清晨诸臣入院，午后归寓，各以所校阅某书，应考某典，详列书目，至琉璃厂搜访之"。那时，江浙书商纷纷来北京开店卖书。

清代藏书家李文藻多次到琉璃厂搜寻古籍，他在《琉璃厂书肆记》记述说，琉璃厂长二里许，以

琉璃厂西街一角　2007 年 6 月

中部河沟的桥为界，东街有二十多家书肆，还有卖眼镜、烟袋、日用杂物的店铺，西街有七八家书肆，还有卖古董、字画、碑版字帖的店铺。

清代《宸垣识略》记述，明代"灯市向在东安门外（灯市口），今散置正阳门外、琉璃厂、猪市、来市诸处，而琉璃厂尤盛。花儿市、钮鼓斯耳，来市集，游人杂沓，市肆玩好，书画、时果，要具，无不华备。自正月十四、五至十六，七而要，名曰迎厂"。此为北京人过年逛厂甸习俗的由来。

1913 年，纵贯琉璃厂的河沟的城墙被改建为南新华街。1926 年，南新华街北端的文化历史传统，今的琉璃厂延续了 200 余年的文化历史传统，门，与北新华街相通，琉璃厂的交通又开通了和平鳞次栉比的老字号店铺和琳琅满目的文化商品，吸引着无数的中外游客。

作品取材于 2005 年 7 月　尺寸：75×56 厘米

消失的胡同——铅笔画中的北京风貌

东北园胡同

东北园胡同，位于北京市宣武区琉璃厂东街北侧。明代属正西坊管界，清代属外城北城辖区。与东北园胡同名称成为系列的，还有东南园、西南园、西北园胡同，这一组以方位命名的胡同，其名称均源自位置居中的琉璃厂沙土园。

1403年，明成祖朱棣在南京登帝位之后，将北平府升格为北京顺天府，并于1406年下令营建北京皇宫，预备迁都。元代遗留的南窑场烟火再度兴隆，被改名为琉璃厂，与专门烧黑色琉璃的黑窑厂，贮存苇薪柴的台基厂，贮存木材的神木厂和大木厂并称为工部五大厂，属工部营缮司掌管。

清代乾隆时期大兴土木，皇宫御苑和三山五园工程不断，琉璃瓦件需量剧增，为扩大生产，同时也为了避免城市污染，琉璃厂被迁往西郊永定河畔的元代琉璃局旧址，即今北京市门头沟区琉璃渠村。这里的对子槐山是烧制琉璃原粘土的产地。对子槐山在明代属宛平县境，明代《宛署杂记》"对子槐山"条记述，"对子槐山产坩子土，堪烧琉璃"。清代《辰垣识略》记述，山产坩子土，色青白。厂地南北狭而东西长，约二里许"，位于琉璃厂南部的沙土园，即当年堆放烧窑原料坩子土的地方。

这一带有许多地名与当年的琉璃如厂甸原是琉璃厂的堆货场，火神庙原是烧窑者奉火神的地方，在琉璃厂的名的琉璃井胡同和琉璃巷时，在琉璃厂旧址周边已经出现了大、小沙土园、东北园、东南园、西南园和西北园诸地名。

此图所绘被绿荫环绕的小院，是东北园胡同95号，是《琉璃厂小志》作者孙殿起的故居。孙殿起1894年生于河北省冀县，1908年到北京琉璃厂的店学徒，苦学多年成为经营书籍的行家，1919年创办丁通学斋书店。孙殿起精通版本目录之学，经手过目的书籍都做了记录。1936年，他编成了《贩书偶记》20卷，收录了《四库全书总目》之外的书籍上万种。1958年孙殿起病逝，他生前编著的讲述琉璃厂文化历史的《琉璃厂小志》，于1962年由北京出版社出版。

东北园胡同95号一角 2007年9月

作品取材于2001年8月 尺寸：74×56厘米

消失的胡同——铅笔画中的北京风貌

南柳巷

南柳巷，位于北京市宣武区琉璃厂西南侧。明代属宣北坊管界，清代属外城西城北锴区。

在明代，南柳巷、间南至魏染胡同和潘家河沿此向北至南翠花街，向南至魏染胡同和潘家河沿（今潘家胡同）一线，是金中都的东城墙外的柳荫遗址，因旧日沿北城河沿岸生长的柳树而得名。

明代的音武门一带地势低洼，雨季时积水汇集，有所连城门都被水淹没而无法开启。《光绪顺天府志》记述，明代音武门内西护城河（今北新华街）东侧有东沟，音武门外西侧有西沟（今校场路），注入音武门外护城河，音武门外西侧的护城河，由于西侧的护城河，音武门内外的排水不畅，形成宣武门至宣武门一带地势低洼。凉水河及穿过琉璃厂的东沟延长线河道，在南、北柳巷一带形成了痕迹，例如北柳巷曾现在现在的那条东西方向的街巷。外的那条别称为"凉水河"（不是现在的凉水河）。明正统五年(1440年)，音武门内外西侧的护城河及东沟渐次淤埋成为池塘，海河胡同、家园胡同，因明代留有许多痕迹，例如梁家园有梁梦龙池故得名，《城南旧志》记述，"引凉水河人其中，亭榭花木，极一时之盛"……池之南北，旗亭歌榭相不断，游

人泛舟，竟夜忘返。南柳巷西北方的前青厂胡同和后青厂胡同与永光东街（旧称永光寺东街）相邻。《日下旧闻考》记述，"青厂"分前后两街，前街相传有龙王庙、庙外有巨潭，"但是到了民国时期，巨潭已成荒圃，矮屋数家，无风景之可言。《京师坊巷志稿》记述南柳巷有晋江会馆。台湾籍作家林海音少年时期曾随父母居住过南柳巷的晋江会馆，她曾在1990年写道，"从"旬小学回家，一拐进椿树胡同就到了"丁西门"，是原在琉璃厂西街西当军火原料栅栏门，前门"，1944年日本侵略者搜集铜铁无奈当军火原料被拆。她在《城南旧事》《光绪顺天府志》称为"能角胡同"，位于南柳巷北端，椿树头条胡同以东，是原在琉璃厂西街西当军火原料被拆走了。

"能格角胡同"，椿树头条胡同有林白水开办的《社会日报》馆，后青厂胡同有《女子白话》报社。南柳巷街上的曾是报纸批发地，侯宝林少年时曾在这里领取报纸叫卖，他回忆录《一户侯说》里讲道，"听人说卖报纸能挣

是卖报的老得跑，你休想闲着……小报利润高，能养活我们这样的报童。一个破庙里，西琉璃厂西口南邻就得从福寿里（在西城区桥附近）取报，再跟着那些会卖报的去赶新闻，什么叫赶新闻？赴新闻就是要抓住当天吸引人的消息大肆宣传，让大家来买报上的报。林海音1934年考入北平新闻专科学校，毕业以后去了《世界日报》社当记者。

南柳巷的晋江会馆旧址如今尚在，旧日会馆门口悬挂的"晋江邑馆"匾额也保存完好，宣武区计划将会馆辟为林海音故居纪念馆。

南柳巷今貌   2008年1月

作品取材于1995年10月   尺寸：85×56厘米

消失的胡同——铅笔画中的北京风貌

前孙公园胡同

前孙公园胡同，位于北京市宣武区南新华街西侧。明代属宣南坊管界，清代属外城北城辖区。

前孙公园胡同的北侧是后孙公园胡同，两条胡同之间旧有孙公园别墅，是明末清初著名学者孙承泽的住宅和花园旧址。孙承泽，祖籍山东益都，明万历二十二年（1594年）出生于北京大兴县，明末崇祯四年（1631年）中进士，曾任刑科都给事中官职。清初顺治年间曾任正三品吏部左侍郎。

旧日的孙公园分为前后两部分，中间一条小巷。前孙公园是住宅，后孙公园是花园别墅，据乾隆十五年《京师全图》标注，前、后孙公园共有大小院落42个，房屋280余间。孙公园主要建筑有研山堂、碧玲珑馆、万卷楼。孙承泽精于鉴定书画，收藏书籍200余册，与他的大量藏书都贮存于万卷楼中，与他的大沟潜亭为作，他曾亲手抄经学书籍。孙承泽后音退休，沐年隐居于北京西山个佛寺樱桃沟潜心写作，他一生著有《天府广记》、《春明梦余录》、《畿辅人物志》等作品20余种，至今樱桃沟仍有被称为"退谷"。康熙十五年（1676年），83岁的孙承泽去世。

康熙二十八年（1689年），在孙公园发生了著名的演剧案件。这一年七月，康熙皇帝的孝懿仁皇后死去，由居官事府从六品正七品保持有孝懿大学士的梁清标做东，广约定朋，假座孙公园，观演剧作家洪升新编的戏剧《长生殿》。这出戏以杨贵妃与唐玄宗的爱

情作为线索，讲述了唐朝"安史之乱"时期的一段故事。《长生殿》与孔尚任的《桃花扇》被人并称为清代著名两大剧目。《京师坊巷志稿》说演戏那天"一时名士张灿若蒲具，大会孙公园"，盛况空前。科此事言官弹劾，说是在皇后忌辰聚众设宴演戏，犯了大不敬之罪，有50余名官员被处治。洪异也被革去国子监生员学籍，美人刑部大狱。

同治七年（1868年），淮军首领李鸿章发起在孙公园开办安徽会馆。光绪二十一年（1895年），孙公园开办强学会，旨在研究和推广使中国自强的学问，曾使用孙公园安徽会馆房屋作为强学会办公场所。

良辰美景奈何天，赏心乐事谁家院。原来姹紫嫣红开遍，似这般都付断井颓垣。孙公园歌台舞榭，香尽独冷，强学会维新人物风流云散，昔日的朱门佳园，如今已成市井民居，只有那孙承泽老先生留下的《天府广记》和《春明梦余录》等著作，仍是研究北京历史风物的必读之书。

前孙公园胡同老墙上的"拆"字 2007年10月

作品取材于2001年8月 尺寸：85×56厘米

消失的胡同——铅笔画中的北京风貌

潘家胡同

潘家胡同，位于北京市音武区骡马市大街南侧。明代属正南坊管界，清代属外城北城辖区。潘家胡同，明代旧称"潘家河沿"。由西线潘家胡同以南的南翠花街，向南至大沟沿胡同，北柳巷、南柳巷、魏染胡同、潘家胡同一线，是金中都的东城墙旧址，在明代胡同名多与水流有关的胡同的故道，所以这一带地名多与金中都官员潘季驯住在河边的胡同里，胡同因此得名"潘家河沿"。

《明史·潘季驯列传》记述，潘季驯是浙江乌程（现为湖州市）人。嘉靖二十九年（1550年）考中进士，历任御史和巡按广东等职务。嘉靖四十四年（1565年），潘季驯受命总理河道。隆庆四年（1570年），完工后因发生漕船翻事故被免职。万历五年（1577年），黄河又决口，执掌大权的张居正起用潘季驯第三次去治理黄河，这次潘季驯采用堵河冲刷黄河泥沙淤积的办法，获得成效，被提升为工部尚书。长子自尽，80岁老母被认为是张家属惨遭迫害，潘季驯出面讲了些公道话，万历十七年（1589年），黄河

再次决口，潘季驯第四次受命治理水患，《列传》说潘季驯"凡四奉治河命，前后二十七年，习知地形险易，增筑设防，置官建闸，下及木石椿楗纤细，积劳成病"。万历二十年（1592年），潘季驯在讨论治水方案时又遭权贵排挤，被迫退休，回家后三年病逝，终年75岁。

清代学者翁方纲20岁即考中进士，是著名书法家和诗人。他在诗集《复初斋集》里与道、乾隆三十七年（1772年）移居潘家河沿，他于乾隆三十七年的书法作品刻成石碑，镶嵌在书斋的墙壁上，还邀集朋友举行诗会。

潘家河沿有一座晋阳庵，庵里曾有一尊三尺多高的古铜观音像。清代学者俞理初在《癸巳存稿》里记述，他有一次到晋阳庵会客，见到一人大惊小怪地说，晋阳在山西，北京怎么会有晋阳庵呢？唐世说新语》记有一则类似的故事，《大唐世说新造》那个长史中咸杀诸皇帝将治好蛭子而死，因河东王而得名。后来他们从未不见其事，是大惊小怪地说，河东郡在山西，荆州怎么会有河东寺？不过细想起来，与愚人争论，没有说出这个故事，实非阳是李渊和李世民父子起兵的地方，他们从手纪念晋阳起兵的皇帝的功业。最终成就了大唐帝业。晋阳庵很可能是李世民朝下大将尉迟敬德临造的观音像呢。

清末学者俞樾是浙江省德清县人，于道光三十年（1850年）考中进士，入选翰林院，他曾将小说《三侠五义》改编为《七侠五义》。他在《春在堂随笔》里写道，丙戌年（1886年）他来北京时，住在潘家河沿，看到院里盛开着从未见过的浅红淡白颜色娇艳的花朵，经问花农打听，说是鸳枝花，后有朋友告诉他，鸳枝花应是深红色，胡同留有潘家的花就是北京最常见的榆叶梅。这种浅红色的花就是北京最常见的榆叶梅。故宅老树今何觅，回首沿河老居民近，学者初以为榆叶梅，晋阳意，高楼已成群。

作品取材于2000年10月   尺寸：85×56厘米

潘家胡同老墙上的"拆"字 2007年10月

消失的胡同——铅笔画中的北京风貌

抄手胡同

抄手胡同，位于北京市西城区宣武门内大街西侧。明代属鸣玉坊等管界，清代属镶蓝旗辖区。

抄手胡同，明代《京师五城坊巷胡同集》记为"义手胡同"。"义手"，是两手抱拳拱于胸前作行礼状，《水浒》书中常说行礼时"叉手不离方寸（方寸指心脏部位）"。"抄手"也是两手抱拳拱于身前，左手搭人右袖，右手搭人左袖，作避寒状或悠闲状。又手和抄手，都是两臂环于身前，两手会合一处，因此老北京够档次的四合院，正房檐下向两翼张开，西厢房檐前伸展出游廊，会合于垂花门的样子，被称为"抄手游廊"。

老北京又将东、西、南三面环绕着某个府第或寺庙的基址，呈"回"字形状的胡同称为"抄手胡同"。北京称为"抄手胡同"的胡同不止一处，白塔寺东侧有"前抄手胡同""后抄手胡同"，前门外鲜鱼口内大街西侧的这条抄手胡同，青幕着北边的头发胡同，东、西、南三面相通，正是呈"回"字形状的基址，原来是同治年间环其基址或寺庙。

抄手胡同西侧的众益胡同，民国时期称为"新潮胡同"，尚不明确其环绕的长方形基址原来是何处府第或寺庙。

"众议院夹道"，往西的新华通讯社是众议院旧址，再往西侧的新华社印刷厂是参议院旧址，宣武门西大街附近，民国时期曾称"国会街"。1923年曹锟重金拉票贿选总统，均发生在这里。

《鲁迅日记》1913年10月21日记述，"午后通俗图书馆开幕，批之"。1913年12月31日记述，"午后赠通俗图书馆《绍兴教育会月刊》第一至第三期各一册"。通俗图书馆隶属于民国教育部社会教育司，1913年开办，于抄手胡同东口的宣武门内大街，鲁迅曾参与创办，并将其写入小说《伤逝》的故事里。小说写道，"天气的冷和神情的冷，逼我不能在家庭中安身。但是往那里去呢？大道上，公园里，虽然没有冰冷的神情，冷风究竟也刺得人皮肤欲裂。我终于在通俗图书馆里觅得了我的天堂。那里无须买票；阅书室里装着两个铁火炉。"1924年，通俗图书馆迁至北边头发胡同的前清翰林院讲习馆。

民国众议院所在地，是清朝皇家仪仗队同奔大象的象房旧址，秀野桥边的小桥名为象房桥，《燕都从考》记述，"象房桥之南（'南'似应为'东'，作者注），曰小市，昔颇繁盛，今渐移于宣武门大街之西"。

鲁迅1912年来到北京，在宣武门内大街教育部街的教育部里任科长，住在宣武门外南半截胡同绍兴县馆。1912年10月，天气渐凉，鲁迅经常到抄手胡同旁边的小市去买东西。《鲁迅日记》记述，"下午同季市、协和至小市，拟买皮衣不得，复赴大栅栏，亦不成"。11月5日记述，"下午赴观音寺街购御寒衣帽等物共十五元"。11月18日记述，"午后与数同事游小市"。

在抄手胡同里的一个回环处，有一座民国时期的小门楼，格调素净简朴，掩映在斜日楼阴之下的小门楼，格调素净简朴，掩映在斜日楼阴之下，颇具意趣。远望小门楼身后的天际背景，已为层层叠叠的大楼遮漫。

抄手胡同一角 2007年11月

消失的胡同——铅笔画中的北京风貌

校场二条

校场二条,位于北京市宣武区宣武门外大街西侧的校场口胡同以北。明代属宣北坊管界,清代属外城西城辖区。

明代《京师五城坊巷胡同集》记载宣北坊巷有将军教场一条胡同至五条胡同,清代《京师坊巷志稿》记载外城西城有将军教场胡同和教场上头条胡同至教场七条胡同,现在的校场口街和西侧至教场头条至校场小九条众多人口"校头"是"教场"的另一种写法,意为军队的教练场。

明代的军制,分为都督府、都指挥使司、卫指挥使司、千户所四级管理。都督府这在北京大明门西侧,共有左军、右军、中军、前军、后军5个都督府,相当于5个大军司令部,分统全国各地的都指挥使司,合称为"五军都督府"。北京天安门广场西侧在兴建人民大会堂以前,那就是明代五军都督府的旧址。

都指挥使司简称"都司",共有21个,分驻全国各地,相当于省军区,长官为正二品都指挥使。都司下辖卫指挥使司,简称"卫",相当于军分区,每个卫配备官兵5600名,长官为正三品指挥使。

千户所,简称"所",或隶属于卫,或直属于都司,每个千户所配属官兵1120名,长官为正五品千户。

明成祖迁都北京之后,在北京驻扎了72个卫,称为"京卫"。其中有26个京卫负责亲军,随侍皇帝,警卫宫禁。另有15个京卫负责皇帝陵寝和守卫皇陵。其余的京卫编为三大营,即"五军营"、"三千营"、"神机营",分别驻扎在北京城各有营地,如安定门内外驻扎武德卫营、阜成门内外驻扎济州卫营,后来这变为机织营胡同,西四北六条旧称大教场儿胡同,原是燕山前卫的驻地,明代京军三大营卫设在德胜门外和安定门外,现在德胜门外和安定门外一带留有教场口街和教场胡同等带有军事色彩的地名。

《明史·兵志》记述,京军鼎盛时期,劲旅不下七、八十万。明成祖曾五次亲率京军亲征北方蒙古部族人侵,明宣宗亲征山东瓦剌王瓶和北方哈密部族叛乱,也是凭借了京军的实力。但是明宣宗的儿子明英宗在权监王振蛊惑下亲征北方瓦剌部族时,在怀来县土木堡兵败被俘,一次损失京军50万人,此后京部尚书于谦重整京军,在北京德胜门外击退了来犯的瓦剌骑兵,时常模仿打仗玩儿乐,在北海西侧开辟了"内教场"的地名,嘉靖皇帝时迫于北方部族频繁蒙扰京郊,大兴土木,广建道观和宫殿,大量役使京军充当建筑工人,致使京军荒在修建宫殿,实力暴跌。万历皇帝时,努哈赤在关外崛起,战事频繁,总督京营的大臣建议将教场改设在城里,以便于操练,位于宣武门外,外城之内的将军教场大致就开设于此时。

到了崇祯年间,内有农民起义,外有清军入关,危机更加严重,崇祯皇帝大力整顿京军,却又任命大批太监充当统帅。崇祯皇帝巡阅北京城防,到宣武门外教场阅兵时,见到旌旗林立,盔明甲亮,官兵齐呼万岁,他心中大悦,在宣武门城楼上召见了总督京营和协理京营的两位将领,盛赐御酒三碗,这只是"徒为容观"的虚假场面而已。因为教场里是太监监视的走狗,都不懂军事,每天到教场应付操练的只有二、三百人,天未黑就散伙,1644年李自成军队打到北京时"闻炮声溃而归",京城随即陷落。

因为昔日的教场占地颇大,所以日后在教场小九条旧址上形成了"校场"命名的胡同,而校场二条等12个以"校场"命名的胡同,古今多少事,其中校短的一个胡同,不闻鼙鼓声,古今多少事,只在笑谈中。

校场二条今貌

作品取材于1995年4月　2007年11月　尺寸:85×56厘米

消失的胡同——铅笔画中的北京风貌

校场五条

校场五条，位于北京市宣武区宣武门外校场口胡同和校场头条西侧的校场口胡同以北。明代属宣北坊管界，清代属外城西城辖区。

校场五条，是宣武门外校场口胡同西头一至校场小五条等12个"校场"命名的胡同里的一个胡同，宣武门以北约1里处，是元代大都城的顺承门所在地。元人刘崧《送别叔铭出顺承门》诗云："顺承门外斜阳里，养羞花开似故乡"，可见那时这一带都是农田。明嘉靖年间虏骑扰边，将宣武门外地区圈人大城中，但地广人稀的状况未大改观。因此明历年间才能在这里开辟出一个古地，广建有镶蓝旗营队练兵场，到清代将军教场成了驻扎八旗军镶蓝旗部队练兵处，西边的槐柏树街一带普建有镶蓝旗营房。

八旗，是清努尔哈赤创建的军政合一、兵民合一的统治集团组织，每个旗人都名列某一旗籍，适龄男子或成丁，或当差，或当兵，或任预备役兵员，不许另谋职业。《清史稿·兵志》说："有清以武功定天下，太祖肇基东方，初设八旗，以旗统人，即以旗统兵，不啻举国皆东矣。"又说，"清初，太祖以遗甲十三副起，归附日众，设四旗，曰正黄，正白，正红，正蓝，复增四旗，日镶黄，镶白，镶红，镶蓝，统满洲，蒙古，汉军之众。"八旗之制自此始。清太宗天聪九年(1635年)，将归顺的蒙古人另编为蒙古八旗，崇德七年(1642年)，又将归顺的汉人另编为汉军八旗，所说的"八旗"，实际为满洲，蒙古，汉军三个旗，总共是二十四个旗，八旗的基本组织是佐领，

统辖300名军人及其家属，5个佐领为一个参领，5个参领为一旗，当然这是初期的编制，以后又有很大的发展变化。

清顺治元年五月初二日(1644年6月6日)，摄政王多尔衮率领八旗军次占北京，他于五月十一日下令，将北京内城原住明朝官民，一律驱逐至外城，将正阳门内的各部的办公区和皇宫之外，除正阳门内的各部的办公区和皇宫之外，按照清太宗时期划定的左右两翼顺序，分别给八旗兵及家属居住。八旗辖区分别为：左翼的镶黄旗居安定门内，正白旗居东直门内，镶白旗居朝阳门内，正蓝旗居崇文门内；右翼的正黄旗居德胜门内，正红旗居西直门内，镶红旗居阜成门内，镶蓝旗居宣武门内。

每个旗色的辖区内驻扎着同一旗色的满洲、蒙古、汉军三族官兵。据《日下旧闻考·京城总记》记述，驻扎在外省的八旗军称为"京营"。京营又分为护军营，骁骑营，火器营等许多部队，分别负责城南，东沿江以南地域，驻扎于西单牌楼至报子街以西，直抵内城西城根地域。

驻扎在外省的八旗军称为"驻防"，驻扎在北京的八旗军称为"京营"。京营又分为护军营，骁骑营，火器营等许多部队，分别负责皇城，内城，外城的防守。

清初十分注重军队操练，各旗官兵均有专用的教场，如正黄旗和镶黄旗使用德胜门外明朝遗留的大教场，镶蓝旗使用宣武门外校场口

明朝遗留的将军教场。《清史稿·兵志》记述，骁骑营每个月要去卢沟桥靶场放枪炮，一年2次，二月和七月还要登上城墙操练步射队春秋二季要上城墙操练防守。汉军炮队春秋二季要上城墙操练防守。汉军炮10门，操练5天。1752年，乾隆皇帝颁布大炮冠服饰，掌握满族语言文字，精通骑马射箭技能，乾隆皇帝在北京城外每个教场颁发了一道《训守冠服骑射谕旨》，要求八旗保持满族冠服饰，掌握满族语言文字，精通骑马射箭技能，乾隆皇帝在北京城外每个教场雕刻了一座石碑，在京城外每个教场雕刻了一座石碑，在校场口镶蓝教场的谕旨石碑保存在故宫箭亭，文津街国图分馆，北海公园的新军在校场口镶蓝教场的谕旨石碑现下落不明。

1894年清朝在"甲午战争"中惨败。鉴于八旗军战斗力丧失殆尽，于是派袁世凯在东京组建新建陆军，简称"新军"，不料1911年10月10日，正是驻扎在武昌的新军内部的革命党发动了推翻清朝的新军内部的革命党发动了推翻清朝的辛亥革命。《清史稿·兵志》评论清朝的兴亡的说，"以兵兴者，终以兵败，呜呼，岂非天哉"

怨天尤人论者悲，八旗功业俱成风吹雪，胡同无觅校场口。

校场五条16号院一角 2007年10月

作品取材于2002年12月 尺寸：85×56厘米

消失的胡同——铅笔画中的北京风貌

车子营胡同

车子营胡同,位于北京市宣武区宣武门外大街西侧,明代属宣北坊营界,清代属外城西城北区。

车子营胡同在清《京师坊巷志稿》里记述为"车子营",缘何得名尚无确考,有朋友认为这里以前是人力车夫或马车夫聚居之处,故称"车子营",此说亦难确定。老北京有不少称为某"营"的地名,多与军事机构和军队驻地相关,如宣武门外大街东侧的四川营、山西营,特别是车子营胡同北侧,自明代起就设有操练军队的将军教场以及园教场而得名的昔日战车部队驻扎的营区。

《明史·兵志》记述,"中原用车战,而东南利舟楫,二者于兵为最要。自骑兵起,车制渐废。洪武五年造独辕车,北平、山东千辆,皆椎以八百辆。永乐八年北征,用武刚车三万辆,供馈运。明正统十二年(1447年),总兵官朱冕建议使用战车备战,此后有许多人设计了多种战车样式。正统十四年,给事中李侃设计了用7匹马牵引的铁索连环车,每车配载刀牌手5人,作战时多车连环,用于保护骑兵,当敌军败退时,则解开铁索,放出骑兵去追击。明景泰元年(1450年),定襄伯郭登设计了人力推拉的偏厢车,每车配备枪炮手、弓弩手、牌刀手共10人,朝廷认为此车可以守御,难于进攻。

明成化十三年(1477年),甘肃总兵官王玺设计了雷火车,"中立枢轴,旋转发炮",听起来就像是坦克。隆庆年间(1567—1572年),守卫蓟门的戚继光训练了7个兵车营,分驻在昌平、密云、遵化等地,每个营配备重车156辆、轻车256辆,"十二路二千里间,车骑相兼,可御骑兵3000名"。

现在北京的地安门西大街,明代称为皇墙北大街,当时在此街与德胜门内大街交叉的路口处,设有"战车厂",至今这里还遗有一个地名叫做"厂桥",即当年"战车厂"门前的桥。

如今的车子营胡同,早已没有了"车辚辚,马萧萧,行人弓箭各在腰"的肃杀气氛,一场大雪覆盖了旧时的征尘,给幽深的胡同增添了安宁和静谧。那比邻而立的两陋小门楼,就像是换了门庭的两兄弟。那难耐寂寞的小狗跑出门外,莫非是要来观赏雪景?

车子营胡同4号、6号院一角 2007年11月

作品取材于2002年12月 尺寸:85×56厘米

消失的胡同——铅笔画中的北京风貌

南半截胡同

南半截胡同，位于北京市宣武区菜市口大街西侧，明代属宣南坊管界，清代胡同东侧属外城北城辖区，胡同西侧属外城西城辖区。

南半截胡同与北半截胡同原本是同一条胡同，但中部不是直接贯通，而是两个"半截"会合处有东西向的错位。明代合称半截胡同，清代分称北半截胡同和南半截胡同。来市口一带在清代设有许多汉人会馆。明清试居住过许多名人。

《光绪顺天府志》记述，南半截胡同有七间楼，是明代严嵩之子严世蕃建丁跨越数条胡同的恰园一带。恰园假山奇石之多之高，相传为明代严嵩别墅。北海琼华岛之上的假山就是由嘉石名家"山子张"叠造的。明清时期称假山为"山子"，北海琼华岛石乙纱所著天然，那是由嘉石名家"山子张"叠造的。明清时期有许多名叫张然、"山子野""大山子"设计，《红楼梦》也提到的观园风景由"山子张""山子野"叠造的。

《清史稿·王熙列传》记述，王熙是北京宛平县人，父亲王崇简是明朝崇祯十六年（1643年）进士，后在清朝顺治四年（1647年）进士，历任礼部侍郎。王熙是清朝顺治、康熙皇帝的御前侍郎。翰林院清誉院学士，他的两个儿子均由顺治皇帝赐名，顺治皇帝死于天花，召见王熙起草遗诏，康熙皇帝即位后，王熙又建议杀鳌拜，在吴三桂起兵反之后，王熙又建议杀掉在京城潜伏的吴三桂之子吴应熊，以绝吴三桂"老贼之望"，因而获得了康熙皇帝深切的信任，成为首参与军机的汉官，平定三藩之后被提升为一品保和殿大学士。

王熙死后，恰园好景不长，乾隆年间恰园已被废，汪由敦在一首歌咏恰园的诗里说恰园已败废数年。嘉庆年间载醇路《藤阴杂记》说恰园"北后房居数十楹"扁额尚存奇石"老树"，皇帝御手的"曲江风度"扁额也被弃置于荒草之间，到过南半截胡同的清代名人，还有《明史》纂修官毛奇龄，《人海记》作者查慎行，《日下旧闻》作者朱彝尊，《人海记》作者王士禛，《宸垣识略》作者吴长元等诸多重量级文坛人物。

《光绪顺天府志》记述南半截胡同有山会会馆，"山会"指浙江省绍兴府的山阴县和会稽县，山会会馆后来改称"绍兴县馆"。1912年1月1日，孙中山出任民国第一任临时大总统，在南京成立民国政府，蔡元培任民国教育部总长。鲁迅应许之邀到北京。1912年3月10日，袁世凯在北京出任民国第二任临时大总统，民国政府北迁至北京，蔡元培也来到北京，任绍兴县会馆居丁77年。

《鲁迅日记》记述，1912年5月5日下午3时半，鲁迅由天津乘火车出发，晚7时到北京，于菜市口长发店，5月6日上午人住南半截胡同"山会邑馆"（正式名称是绍兴县馆），然后乘骡车去教育部门内教育部的教育部根到，鲁迅晚间在会馆卧床才半小时即发现臭虫三四十只，只好睡到床上。5月7日夜饮丁和居饮酒，晚饭更换到床才得以入睡。5月10日首次到教育部上班，"枯坐终日，极无聊赖"。5月12日是星期日，鲁迅去了琉璃厂，"历观古书肆"，6月，鲁迅就草丁一部《塞喜楼丛书》，前门和楼观戏院，用5元8角钱买了两个成蓣镇兵员，吴三桂反丁，天坛，先农坛，诚藩镇兵员。吴三桂起兵反之后，王熙又建议杀在

鲁迅先后住过绍兴县馆里的藤花馆和补树书屋，在这里写作了著名的小说《狂人日记》，后来收入作品集《呐喊》。

鲁迅多次单身住在北京，购买了大量书籍，因那时的菜市口大街旁，广和居用餐。记载《燕都丛考》记述，广和居位于菜市口胡同之间，距绍兴县馆极近，清末广和居在菜市口东边米市胡同的高官潘祖荫，曾多次到广和居用餐，并为广和居传授了家乡苏州吴县的清蒸鲤鱼做法。此后成为广和居的名菜，称为"潘鱼"。以翻译了《茶花女遗事》等上百部外国小说而知名的林纾，曾住过菜花场上官厂的闽中会馆，住在米市胡同北部的校场外宣武门林琴南，林纾每次到广和居用餐时，伙计都准备好的菜舀官纸上，所点菜后装订成册，以资盲传。扩建菜市口大街时，北半截胡同因宜拓置而未拆迁，南半截胡同东侧房屋被拆除，仅会西侧南半截胡同北口，则得以保留。胡同南北各名称，潘江陆海倾才子，朴树屋前听啊喊，藤花馆外影斜。

南半截胡同2号院一角 2007年10月
作品取材于2000年10月 尺寸：56×41厘米

消失的胡同——铅笔画中的北京风貌

烂缦胡同

烂缦胡同,位于北京市宣武区来市口西南侧,明代属宣南坊管界,清代属外城西城辖区。

烂缦胡同名称取自民国初期,明代旧称"烂面胡同",清代文人曾取谐音改称为"烂缦胡同"。清代学者翁方纲曾住在烂缦胡同水月庵南侧,他在《移居诗》中写道:"街坊烂面名原好,不敢随人作懒眠"。翁方纲是北京大兴人,乾隆十七年(1752年)考中进士,入选翰林院,官至内阁学士,多次出任各地乡试主考官,《清史稿·文苑列传》说翁方纲精研经术,尤精于金石之学,他一生作诗2800余首,还是知名的书法家。

《日下旧闻考》说,"京师二月淘沟,穆气触人,南城烂面胡同尤甚,深广各二丈,开时不通车马。"烂缦胡同一线位于辽代燕京城的安东门外,胡同里的排水沟为燕京城的安东河遗迹,现在来市口以西的路边立有辽代安东门故址东志碑。《清会典》记述,"借年开渠时及秋间雨水过后,辇京师五城河道沟渠之事⋯⋯春间开渠时俱令清净深通⋯⋯每年淘挖旨沟,一应河道沟渠"。《北京市志稿》记述,1918年7月29日至三月底完竣,京师挖旨沟,自二月初开冻后,至今清净为始,在烂缦胡同维修旨沟,可见那时沟工队派工10名,

胡同里的明沟已变为暗沟。

尽管旧时烂缦胡同排水沟臭不可闻,但是胡同里曾经建造过许多会馆,住过许多名人。《续资治通鉴》的编著者毕沅就在一篇诗注里写到,他居住的楼房仅有数步距离,接叶亭与他著名的大宅院的花园里。《清史稿》记述,毕沅于乾隆十八年(1753年)考中举人,后来任军机处章京(相当于皇家秘书官),于乾隆二十五年(1760年)考中状元,他在陕西巡抚任上,曾维修过唐古迹,收集保护古代碑碣,重修了西安碑林,毕沅历任各省巡抚,总督等高官,晚年在湖南发病,手足麻痹,乾隆皇帝为他送去了话络丸。

《光绪顺天府志》记述,烂缦胡同路东有厂七堂,是大学士史贻直的故宅。《清史稿·史贻直列传》,史贻直是江苏溧阳人,父亲是康熙二十一年(1682年)进士,他自己在康熙三十九年19岁时考中进士,入选翰林院,史贻直曾任查办事要职。他在陕西任职时,得到雍正皇帝的信任,历任巡抚,总督也是民间谋生的一项生意,他说丰年粮多时,造酒也是民间谋生的一项生意,不宜一概禁止,史贻直被乾隆皇帝升任文渊阁大学士,79岁时因眠参中进士已历60年,被乾隆皇帝勤于兴修水利和赈济灾民,他63岁时,帝赐诗表彰为"人瑞"。《史贻直列传》说他"为政

持大体,不苟为异同,性强记,仿举止,雍正皇帝诛杀年羹尧之后对史贻直说,"荐举者年羹尧推荐的你吗?"史贻直回答,"荐臣者年羹尧,用臣者皇上"。史贻直回答,上朝跪拜动作迟缓,等皇上到了我这把打趣说你自己老老吧?他回答说,逗得皇帝哈哈大笑,因此雍正皇帝也很想长寿。

烂缦胡同的臭水沟久已不存,清代文人曾说接叶亭前繁盛的树木,已消失过半。如今的烂缦胡同自身也枝叶一直连接到楼檐,阳光透过树影,投射在斑驳的古老老墙上,依旧灿烂。

烂缦胡同126号院一角　2007年9月

作品取材于1996年8月　尺寸:56×41厘米

消失的胡同——铅笔画中的北京风貌

七井胡同

七井胡同，位于北京市宣武区南横西街北侧。明代属宣南坊管界，清代属外城西城辖区。

七井胡同名为"七井"，但是《京师坊巷志稿》明代记述为"七井胡同，井一"。七井胡同形成较晚，明代未见著录，清末始见记载，胡同又比较分明。他不在，似无挖掘七口水井的必要，以精理推测，七井或为"七眼井"之意。

老北京旧有胡同上千条，多数胡同都有水井，不少胡同索性即以水井命名，如苦水井、甜水井、大井、小井等等。旧时打井，须由工人进入井筒挖土，有时还须用砖石砌筑井壁，因此井筒有大井小井之分，称为大口井、小口井。井口径虽不过一尺，周边也会满布深月久被井绳磨出的沟痕。清末严禁在皇宫里投井或悬梁自尽，如发生自尽事件，死者父母将受牵连治罪。宫廷使用沉重的石鼓状井圈覆盖井口，含有防止宫女、太监投井的用意。

小口井虽有安全和防污作用，但是不利于同时汲水，因此老北京有许多水井，在覆盖井口的石板上开凿3个或4个较大于水桶的圆形石板上凿3个或4个较大于水桶的圆形水井被称为"三眼井"和"四眼井"，即用此而来。现在的大栅栏地区三井胡同，旧称"三眼井"，那里还有一块带着3个圆孔的石板，就是昔日"三眼井"的井口。七井胡同，过去或许有一口"七眼井"。

古代城市与水井的关系极为密切，因此城市

又称"市井"。曾在北京地区建立过中都城的金朝，所看中的主要地上水源是莲花池，喷涌水草而居的元朝，在北京地区建立大都城时，所依傍的主要地上水源是积水潭，地下水源，习惯说北京地区河湖密布、地下水量充沛，这是相传北京地区河湖（汊）说，北京出版社出版的《北京古运河与城市供水研究》北京出版社出版的《北京古运河与城市供水研究》统计，北京内城与私人宅院共有1245口水井的普遍水质较差，未能达到深达的净水层，大多数水井被称为"苦水井"，老北京有许多胡同名为就叫"苦水井"和"甜水井"。

清初在北京周边设大量圈地，分给王公贵族和八旗官兵作为庄园，称左翼应自北向南依次为镶黄旗，正白旗，镶白旗，正蓝旗，然而据政王多尔衮仗权势打破顺序，将北京以东、山海关方向的永平、遵化一带分给自己统领的正白旗，顺治七年（1650年）多尔衮欲在自己统治的政治中心、地永平（今河北省卢龙县）建城另立政治中心，他提出的借口之一即是"京城建都年久，地方狭小"。

旧时北京的多数水井均有主人，他们在大井旁边搭盖"井屋子"，又称"井窝子"，雇用山东汉使用牲畜轮水车挨家送水，称为"水夫"。用户用水需要交钱，节俭之家都有两个水缸，多买苦水，少买甜水。

台湾作家林海音在名著《城南旧事》提到了老北京的井窝子，这里满地是泥，有的地口给成沟的冰，就是井窝子，独轮的水车吱吱扭扭的响，好刺耳，车子一辆一辆的，他们扭得屁股推着车，车子吱吱扭扭来一辆，我要搭起耳朵

啦！井窝子有两个人在向深井里打水，水打上来倒在一个好大的水槽里，推水的人就在大水槽里接了水再送到各家去，井窝子旁住着一个我的朋友——妞儿。

侯宝林先生在回忆录《一户侯说》里也提到井窝子，他说"我还帮人拉过水车，那是下雨天，那时兴华寺街西口外有个水井，一个山东人开了个井窝子，把水打上来，倒在水槽子里，然后雇个小孩在前边帮着拉，车不好推，推不动，下雨天，道上坑注注的，我们挨户注水的，拉两趟给四大铜板。

北京第一个自来水厂的旧址，1908年，清朝农工商部引进德国技术设备，在东直门外有一座自来水博物馆，现为京师自来水公司，在东直门外大门口沙滩上，居民们就将洗过的衣服晒在大门外面，不用说，现在没有人再用苦水井里的苦水洗衣服了。

七井胡同22号院一角

作品取材于2000年10月　2007年10月　尺寸：85×56厘米

消失的胡同——铅笔画中的北京风貌

法源寺前街

法源寺前街，位于北京市宣武区南横西街北侧。明代属宣南坊管界，清代属外城西城墙西街北侧。

法源寺前街，因位于古庙前街而得名，庙后还有法源寺后街，明代前街和法源寺，原名悯忠寺，明代重修后改称崇福寺，修时更名为法源寺，历经1300余年，素有"京城第一古刹"之称。

成观十九年（645年）春季，唐太宗李世民亲率大军东征，他将幽州（今北京地区）作为大军的集结地。当年冬季唐太宗返回，为了悼念阵亡将士，下令在幽州建造一座寺庙，命名为悯忠寺。悯忠寺直到696年武则天当权时才正式建成。755年发生"安史之乱"，安禄山和史思明相继自称大燕皇帝，建都于幽州，他们在悯忠寺建造了两座纪念塔。

845年，唐武宗下令毁寺佛寺，造散僧人，规定每个度使辖区内只准保留1座寺庙和10名僧人，史称"武宗灭佛"，悯忠寺成为幽燕八州仅存的1座寺庙。882年，悯忠寺遭遇火灾，安禄山和史思明建造的那两座塔根据传说在这次火灾中烧毁。十余年后，驻守幽州的节度使李匡威重建悯忠寺，造了一座面阔七间，上下三层的观音阁，从此悯忠寺有了"悯忠高阁，去天一握"的民谣。

1127年，北宋亡国，金军将宋徽宗、宋钦宗在悯忠寺外的途中，曾在燕京停留数月。那时宋钦宗在悯忠寺作为参拜幽州的因禁在悯忠寺中。1153年，燕京升格为金国的中都，金世宗曾将悯忠寺作为考场，举办过进士考试。

元《析津志》云，悯忠寺的观音阁有20多丈高的观音像，要登上第三层阁楼才能望见观音像的头部，还说"此佛此阁，自古无匹"。元朝次亡国之后，将抗元失败隐居乡间的南宋遗臣谢枋得押解到大都，宁死不屈的谢枋得被关在悯忠寺旁边的胡同为谢枋得食身亡。明朝明在悯忠寺旁的西侧胡同为谢枋得建立了祠堂。

明代悯忠寺时，听住持和尚讲述了悯忠寺名字悠久的历史以及悯忠寺的败无与重修的难处，宋文毅联络姓名监共同出资修缮庙，实际上变为崇福寺。如今破败无与重修的难处，宋文毅等是太监的私产。宋文毅等大监将请安南时带回的石碑，范等姓太监都是安南人，都是在明朝征战安南时被俘获当了太监。明代悯忠寺还是最受崇子进京应考的举子考中了进士。清寺是是外省举子进京应考的举子考中了进士。

清朝的顺治皇帝任用过不少明代遗留的太监，其中有个总管太监吴良辅极受宠幸。顺治十七年（1660年）八月，顺治皇帝因最喜爱的董鄂氏皇贵妃病死，陷入极度悲痛，他派太监吴良辅到悯忠寺自己出家为僧。次年正月初二日，顺治皇帝亲临悯忠寺，出席了吴良辅的剃度典礼。不料顺治回宫后，次日即因天花病发作，一病不起，于正月初七日病死去，二月十五日，吴良辅被斩首。1733年，崇信佛教的雍正皇帝重修悯忠寺，并赐新名为法源寺。

元世祖忽必烈在元大都营建之前，曾住在北海源华岛山顶上的广寒殿，命名为"渎山大玉海"，陈墨玉雕成一尊大玉体。1265年，宫廷玉匠所用

法源寺大门今貌

这位在广寒殿再里，忽必烈举办宴会时盛酒历任广寒殿再里（1579年），广寒殿年久失修倒塌，达到南长街的道士不识宝物，竟将玉体当做坛庵前的道士不识宝物，竟将玉体当做腌菜缸里的玉体，乾隆时期，总管内务府大臣三和发现庵里的玉体。乾隆如获至宝，特意在北海团城上建了一座玉瓮亭，将玉体陈设在亭中。乾隆皇帝又让石匠仿制一尊石体，依旧陈设在真武庙里，有趣的是，仿制的却是乾隆时期的新装，上的玉体，配上了元代原装的石座。团城上的玉体，配上了乾隆时期雕制的新石座，有与玉体一样的海兽波涛纹饰。南长街的真武庙已不存，玉体胡同也于2004年被拆除，玉体和元代石座，于1979年被移至法源寺内，存放至今。

如今，法源寺前侧南侧关闭的民居已被拆除，法源寺前门前方重建了照壁，开辟花园，栽植了许多红墙灰瓦，共约鹊色彩不一样的丁香树，每逢深秋，黄叶满地，映衬着红墙灰瓦，被称做"香雪海"的丁香花阵。

作品取材于2000年11月 2007年11月 尺寸：56×41厘米

消失的胡同——铅笔画中的北京风貌

沙栏胡同

沙栏胡同,位于北京市宣武区牛街东侧。明代属白纸坊管界,清代属外城西城错区。

沙栏胡同在明代名称不详,清初称为小栅栏的一条小巷,明代是金朝古庙大圣安寺后边的《京师坊巷志稿》记述为"栅栏胡同,或作沙拉",清末至今称为沙栏胡同。有人认为,"沙剌"都是元代胡同的谐音,因为沙栏胡同素古语"沙剌"意为珊瑚,因此沙栏胡同因曾有珊瑚珠宝店铺而得名。此说亦不无道理,同一带多年来是旧回族聚居区,经营珠宝古玩的传统生意,附近牛街六条旧称"穆家胡同",曾有穆家开设的玉器店铺。不过沙栏胡同在元代是否开剑阳里,荞麦花开的南郊,元人曾有诗句说"小栅栏胡同",似成疑问,珊瑚能否外剑阳里,荞麦花开"的地方,珊瑚珠宝店铺能否远的清末时期,反而要依素古语"沙剌"的谐音改胡同在清末时期,反而要依素古语"沙剌"的谐音改

称为"沙栏胡同"和"沙栏胡同",也有情理不合考虑到明清时期北京胡同确有大量的栅栏,也有过不少叫做"栅栏"的胡同,其中最为著名的就是正阳门外的"大栅栏",那么沙栏胡同在清初曾称"小栅栏胡同",也就不足为奇了。

明弘治年间,为加强京城治安管理,在街道胡同广设栅栏,夜晚关闭城门之后,清代在北京沿用了栅栏制度,并且设置丁更多的栅栏。清代将内城和外城各自划分为5个城区。即"内城五城"和"外城五城"。《清史稿·职官志》记述,下设"巡视五城御史,又设五城兵马司,掌缉捕盗贼,平治道路,稽检囚徒,火禁"。"掌巡绸盗贼,都察院厘剔奸弊",皇城和内城的栅栏由五城兵马司看守。《光绪顺天府志·兵制》记载,门督察部下辖的步军营,外城的栅栏由九门提督部下辖的步军营看守,皇城之内划分为8个防区,每座栅栏配置3名步军防守,设116座栅栏,由步军营八旗满洲步军防守,共按八旗错区也划分为8个防区,每个防区又分为3片,分别由住在本防区的满洲、蒙古、汉军步军防

守,内城8个防区共有栅栏1190座,每座栅栏由3名步军看守。北京内城9座城门,每座城门都有两条登城马道,每条马道也设有栅栏,由步军看守。此外九门提督部下的巡捕营在北京郊外还设有440座栅栏。

沙栏胡同和北边的春风胡同已被拆除,建成了此外九门提督部下的巡捕营在北京郊外还设有胡同里古旧的宅门和胡同口曾经有过的春风,皆已成过往云烟,随风散尽。

沙栏胡同今貌 2007年10月

作品取材于2000年9月 尺寸:56×41厘米

消失的胡同——铅笔画中的北京风貌

牛街六条

牛街六条，位于北京市宣武区牛街西侧。明代属白纸坊管界，清代属外城西城辖区。

牛街地区，在金代位于中都城的东南部，旧称柳湖村。金代将莲花池水经茶白河引入城里，绕经皇城（在今广安门立交桥下，向东再转弯向南，由中都城垣东一带）前的龙津桥下，同东北外玉林小区辽金城垣遗址出现在右安门外的城墙下水关出城，注入护城河。此水关宜门以东的柳湖村就在右安门外玉林小区辽金城垣博物馆内。

柳湖村就在今右安门外差柳河沿岸。金中都护城河堤岸也植有柳树，《京师坊巷志稿》记述，金末乾道六年（1170年），范成大出使金中都，他沿着河边柳堤进入丰宜门，经过龙津桥进入皇城。

元代的柳湖村开始有回民聚居，并兴建了礼拜寺。明代的柳湖村水流减少，柳树消失，河滩的低洼地被辟为菜园，即今"菜园街"一带，岸边的作《冈志》说，明代燕王朱棣由南京受封到北平时，从江南和山东一带来的王府的回民都住在城里东四牌楼和南京那时家境较好的回民都住在城里东四牌楼和南京楼附近，被称为"东西两边"，住在冈上贩卖生活有几十家，多从事牛羊屠宰业和做小商贩谋生，原住在冈北京后，将北京内城的回民一律赶出城，清至古领城后，多从事牛羊屠宰业和做小商贩谋生，原古领城北京后，将北京内城的回民一律赶出城，清住在"东西两边"的回民纷纷移居冈上，"冈之矛舍多星者，今日万家矣"。

清康熙时期，挑战清朝，康熙三十三年（1694年），葛尔丹派遣奸细昌允在冈上活动，曾到冈上活动，清朝抓捕奸细时，牵连到许多冈上的回民。后来康熙皇帝下令"只严缉奸细，勿株连好人"，受牵连的回民均被释放，抓到的6个奸细于当年五月被凌迟处死，《冈志》记述，清朝定都北京初期，北方蒙古尔丹部首领葛尔丹军，至今仍在牛街礼拜寺内。

牛街六条今貌 2007年6月

作品取材于1997年11月　尺寸：116×20厘米

族各部王公纷纷前来朝见，清朝政府给予优待，负责皇家宴会的光禄寺官员经常带着鳌马车到冈上采购蒙古族爱吃的牛羊肉，冈上的屠宰业极为火爆，"每日午后宰牛羊数百，血流成渠，各色人等嘈杂喧闹"。冈上因此改称为"牛街"，牛街上也出现了因屠宰业得名的"羊肉胡同"，即牛街六条北边的牛街四条。回民还擅长经营珠宝玉器行业，清朝末期和民国初期，前门外的廊房二条号称玉器街，街上开有近百家珠宝玉器店铺，其中生意最大的"翡翠大王"铁家就是回民。牛街六条旧称"穆家胡同"，相传因胡同里有回民穆家开设的玉器店而得名。

柳湖柳堤久已不存，牛血成渠亦为往事。牛街六条那些经历过"嘈杂喧闹"的老房子，如今俱已化作新建的高楼。只有那楼房上刻意装饰的绿色条纹，可以令人遐想到当年的"杨柳岸，晓风残月"。

珠市口东大街的改造

北京城历史沿革

北京地区最早出现的城市是蓟城。《史记·周本纪》记述，周武王伐纣灭商之后，"追思先圣王，乃褒封神农之后于焦，黄帝之后于祝，帝尧之后于蓟，帝舜之后于陈，大禹之后于杞"。帝尧的后人受封的蓟国，国都在蓟城，也是北京地区史有明文记载的第一座城市。也有人引用《礼记·乐记》认为，周文王封黄帝之后于蓟，但是据《史记·五帝本纪》明确记载，帝尧也是黄帝的后人，所以这两种说法并不矛盾。《史记·周本纪》又记述，周武王"封功臣谋士……封召公奭于燕"，召公奭是周朝王族，受封的燕国位于蓟城以南，后来燕国强盛，蓟国衰落，燕国吞并了蓟国，迁都到蓟城。后世习称北京为"燕都"或"燕京"，即发端于此。

《水经注》记述，蓟城得名因"城内西北隅有蓟丘，因丘以名邑也"。历史地理学家侯仁之先生认为，北京白云观西侧在1950年时尚存一座土丘，很可能就是古代蓟丘的遗址。侯仁之先生考证，周武王伐纣封蓟国在公元前1045年，这一年是蓟城建城之始，也是北京地区建城之始。1995年北京建城3040年之际，北京市政府在昔日蓟城中心的广安门立交桥侧畔建立了北京建城纪念石柱。

汉代将北京地区划为幽州，州治仍在蓟城。五代时期，后唐将领石敬瑭取代后唐，建立后晋，他为酬谢北方契丹族对其建立后晋的援助，于936年将幽州等"燕云十六州"割让给辽国，并称辽国皇帝为"父皇帝"，自称为"儿皇帝"。辽国得到十六州之后，将幽州命名为五京之一的"南京析津府"，也称"燕京"。1125年，北方女真族金国灭亡辽国。1153年，金国迁都到燕京，将燕京命名为"中都大兴府"。1234年，首任蒙古大汗成吉思汗攻占金中都。1267年，第五任蒙古大汗忽必烈在金中都故址东北郊外的海子（又名积水潭）周边另建一座新城，即大都城。1271年，忽必烈将国号由"蒙古"改为"大元"，大都城成为元朝国都。1368年，朱元璋灭亡元朝后，将元大都降格为"北平府"。1403年，明成祖朱棣将北平府升格为"顺天府"。1421年，明成祖朱棣由南京迁都到北京。1644年，李自成灭亡明朝，同年，清朝迁都到北京，仍沿用"顺天府"名称。

元代营建大都城，参考了古代儒家经典《周礼·考工记》"匠人营国，方九里，旁三门，国中九经九纬，经涂九轨，左祖右社，面朝后市"的营建都邑方案，即理想的国都要有每边长达九里的城垣，每边城墙要有三座城门，城里要有九纵九横的交通干道，干道宽度要能并行九辆马车，祭祀祖先的大庙设在左边的东方，祭祀土地神和粮食神的社稷坛设在右边的西方，朝廷的宫殿设在坐北朝南的正面，贸易市场设在宫殿背后的北方。以任的古都如长安、洛阳等地，都是在原有城市的基础上扩建而成，布局受到旧城限制。元大都则是在金中都故址东北郊外的原野上另行创建，因此得以从容规划。主持元大都规划的刘秉忠是精于术数的谋臣，出于阴阳理念，在北面城墙只开辟二座城门，在另三面城墙则各开辟三座城门。十一座城门的名称均取自《易经》，如大都正门"丽正门"取"日月丽乎天，百谷草木丽乎土，重明丽乎正，乃化成天下"之义，"健德门"取"天行健，君子以自强不息"之义。各坊门都对应着交通干道，纵横交错的道路将城区划分为许多方格，这些方格里布置着官府衙署和居民宅院，即为"坊"。大都城里共设50个坊，各坊名称均有来历，如《元一统志》记述的"金城坊"，取"金城有坚固久安之义"，近太史院（太史院负责制定历书卦），取《周易·革卦》"君子治历明时之义"，"日中坊"，地当市中，取"日中为市（市场贸易）之义"，有些坊的名称被沿用至明代。古代的坊有坊墙和坊门，坊门上有匾额题写着本坊的名称，即"牌坊"的前身。元人熊梦祥所著《析津志》记述，大都城"街制，自南以至于北谓之经，自东至西谓之纬。大街二十四步阔，小街十二步阔，三百八十四火巷，二十九衖通"。街通二字本方言"，通常认为这里的"衖"即蒙古语"胡同"，是水井之意。"衖通"即"胡同"，"衖"的异体字，二字皆读"弄"的四声。《新华字典》明确标注，"街"是南方的"弄堂"，发音极为相近。

元朝灭亡后，逃到北方草原的元朝末代皇帝仍有反攻实力，大将军徐达为了缩短防线，在防御大都城北城墙向南五里的德胜门至安定门一线重新构筑了北城墙。1419年，明成祖朱棣因预备迁都而扩建元大都城南城墙，他决定放弃元大都遗留的丽正门一线的南城墙，在向南二里的正阳门一线重建新的南城墙，以皇宫午门前留出足够的空间。1553年，明嘉靖皇帝为防范蒙古部族入侵，决定在北京城的外围增建一圈"回"字形的外城，结果因经费不足，只建成了"凸"字形的南城，这就是北京外城，外城又称"南城"。原有的北京城由此也称作"内城"。

明代的北京城以中轴线为界，东部城区及郊区归大兴县，大兴县衙署在今大兴胡同，西部城区及郊区归宛平县，宛平县衙署在今地安门大街。明代的北京内城共有9座城门，即东城、西城、南城、北城，外城共有7座城门，同属1个城区，划分为4个城区，共设28个坊，外城共有8个坊，即南城，每个坊内又划分为若干"牌"及若干"铺"。明代由宛平县及大兴县的沈榜所著《宛署杂记》记述，每个铺或管理一条大胡同，或管理数条小胡同，"随居民多少，分为若干铺"。每铺立铺头、火夫三五人，而统之以总甲。这些铺招收本地居民协助治安，协助官府抓派公差，催收税款，上报人命案件、街头斗殴事件、火灾事件、火禁之事，疏通沟渠、平整道路、巡夜打更等事务。

明代在北京设有5个兵马指挥司，分管5个城区的治安，合称"五城兵马司"，所以在北京留有数个称为"兵马司"的胡同。《明史·职官志》记述，"中东西南北五城兵马司指挥司，各指挥一人，正六品，副指挥四人，正七品，吏目一人。指挥巡捕盗贼，疏理街道沟渠及囚犯，火禁之事。凡袭爵人各划境而分领之，境内有游民奸民则逮治，外在都察院还设有"巡城御史"，负责监督五城兵马司工作。

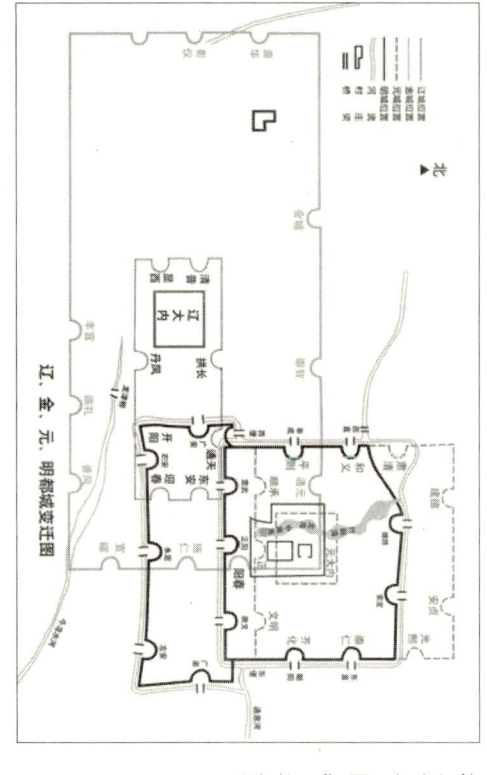

辽金元明北京都城变迁图

1644年6月6日，清军占领北京城，6月15日，摄政王多尔衮下令将北京内城原住官民一律驱赶至外城或城外，腾出内城房屋分配给八旗官兵居住。清朝将内城按9座城门方位划分为9个区域，其中正阳门内为皇宫及六部衙署所在地，左翼四旗、右翼四旗分别供同一旗色的满洲、蒙古、汉军官兵及家属居住。清朝的八旗分别是"镶黄旗居安定门内，正白旗居东直门内，镶白旗居朝阳门内，正蓝旗居崇文门内，镶红旗居阜成门内，正红旗居西直门内，由于清朝八旗每个旗有八旗蒙古、八旗汉军共24个旗，分别供同一旗色的满洲、蒙古、汉军官兵及家属居住。清朝的王爵可以不在本旗辖区居住。乾隆皇帝永定门内燕墩诗碑上题刻的《皇都篇》诗句，说八旗瓜分北京内城是"天衢十二九轨谷，巍巍棋布罗朱楼甲第多侯王"。

东地城称为外城北城，崇文门外大街以西地城称为外城南城，内外五城管界也包括"内九外七"16座城门以外的"外厢"地域，又称"关厢"。《光绪顺天府志》记述，"北京内城治安归城管官即"五城兵马司"管辖，二者工作相互错综。《清史稿·职官志》记述，"大兴、宛平各掌其县。统领管辖，外城治安归城管官即"步军统领"的全称是"提督九门步军巡捕五营统领"，俗称"九门提督"，部下有管理城内治安的八旗，即二县衙署共有10个"巡城御史"，分为东西南北中5个衙署，都察院治安视五城"巡城御史"，衙署设在西北井儿胡同，兼管东西南北城5个机构，每个兵马司也设有指挥，正六品副指挥，无品级吏目各一名，各有分工，例如"北城兵马司"正指挥署设在莱市口铁门胡同，副指挥署设在德胜门内，树三条胡同。《光绪顺天府志》记述，如外城中城管辖正阳门外大街两侧地域，外城东城管辖崇文门外大街以东地域，外城西城管辖宣武门外大街以

清代的北京城划分为10个城区，分别有内城五城和外城五城，但是完全依照自然方位划分。如外城中城管辖正阳门外大街两侧地域，外城东城管辖崇文门外大街以东地域，外城西城管辖宣武门外大街以西地域，外城南城管辖广安门外大街以北地域，外城北城管辖广安门外大街以南地域。八旗居处按序疆、疆外各划境而分领之，境内有游民奸民则逮治，外在都察院还设有"巡城御史"，负责监督五城兵马司工作。

外城五城管界的"界牌"，正指挥署设在莱市口铁门胡同，副指挥署设在德胜门内，树三条胡同。命五城地界树正牙相错，勘立界碑，雍正五年，乾隆二年，议凡街衢巷胡同立二年，定界木牌之令，其楼卷历经釘木牌，其碑和木牌，如今一个也见不到了。距2008年已有271年，这些标志五城坊巷分界的石碑和木牌，如今一个也见不到了。

陆元

2008年4月

用铅笔和推土机赛跑

北京自元代至今八百多年的建城史，胡同的兴衰别具风味。这种极富北方建筑特色又兼容南方乃至西方建筑美学元素的民居建筑，是北京历史的见证，也已成为历史的一部分。胡同之于北京，正如小桥流水之于苏州，白墙黑瓦之于徽州，吊脚楼之于湘西，接续着一座古都的传统，承载着城中百姓的喜怒哀乐米油盐，是活着的岁月遗痕，也是曾经的城市符号。

近半世纪来，城市建设日新月异，摧枯拉朽般的力量将老的胡同一点点甚至一片片从北京抹去。"国际化都市"的形成无可阻挡，但总有些地方能将这些古朴、沧桑、有烟火气、有生命的胡同留下，纵使留在镜头上，画纸上，也好过让后人无迹可循的无奈。

曾静默默在北京一隅上百年的老胡同，如今大多不复存在。在泛黄的老照片之外，沉晗用一支铅笔为胡同在画纸上构筑了另一重安身之所。

观摩过这些画作的人，大多会被其呈现出的质朴、厚重的风格所触动。进而为铅笔画能有如此丰富的表现力而吃惊。在他的作品中，技巧已经服从于主题，蕴藏在老屋、木窗、石门墩、杂货店、蜂窝煤和爬山虎的斑驳光影中，这些北京人记忆深处的碎片在铅笔线条的堆叠中昔日重现。

江西大学毕业来到北京的沉晗1989年8月，自南京师范大学毕业来到北京的中国石化出版社任美术编辑。在二元桥住了一年后，单位安排他和妻子住进北新桥附近的平房。虽说居住条件不算好，但胡同中浓厚的邻里之情以及触目皆是的老北京韵味令他印象深刻。多年习画的他养成了走到哪里画到哪里的习惯，画笔不能停。在北新桥的那段时光，他每天都早起晚睡，利用上班前的空闲时间去写生，于是，眼前的北京胡同顺理成章进入他的视野。"记得是九〇年夏天开始画胡同的，最初我用水彩画，把住的院子、院外的胡同等都画了下来。"由于北京这冬天气候寒冷，在户外画画水彩会结冰，刚画好的画结了一层薄水，"那种效果很特别，朋友们都不知道是怎么画出来的。不过这毕竟对户外写生是个影响。"既然画水彩不方便，那就用铅笔画吧，反正我以前也学过铅笔画"。就这样，一画十八年。

从1992年开始，沉晗的创作就以铅笔画为主。而决定就此以宽线条铅笔画为表现形式，以北京胡同为表现对象，则缘于1995年在北京举行的中国艺术博览会。"我以北京胡同为主题的铅笔画参加了这次大博览会，结果反响强烈，三幅画很快售出。"他兴奋地回忆道。"很多朋友觉得我画的北京胡同和其他人画的不一样，他们说，你这个人就是这个德性，和北京胡同一样。""他的朋友说，"他的性格、思维方式颇有些"不合时宜"：个性平和不浮躁，相信慢工出细活，同时下很多画家迥异。北京胡同历经几百年历史沉定，同样是慢慢形成的，同样坚持用铅笔画北京胡同十几年，绝对是我的性格决定的。这种性格与北京胡同有相通之处，与铅笔画这种画法本身也有暗合的地方。如果心不平静，画不了这么久。"

宽线条铅笔画的特性，铅笔工具的铺陈，属于绘画工具大面积铺陈，必得一笔一笔地画，画面线条的那样细，浓淡全凭手下把握，用力既要变化，又要粗细、适度均匀，其难度可想而知。"国画中毛笔与宣纸，油画中画笔与画布，都是软对软。只有铅笔画，铅笔和粗糙的画板上的纸是硬对硬。"多年来握不同粗细的铅笔着力作画，他的右手中指磨出黄豆大的硬茧，已经有些变形。

美术科班出身的沉晗，"什么都能摸几笔"。有些朋友不时劝他画油画，现实一点多忘，毕竟油画的受众群体更大，画价也可能卖得更高。可是，"我清楚自己画画没问题，但我越来越觉得用油画来表现北京胡同，胡同的那种古朴、淡然的胸怀是传达不出来的。我画北京胡同，我想其实这些我不是最胜任怎样巧妙的表现手法，并非胜在如何逼真，重要的，那些作品背后透出的淡定，宽容的情怀才是最打动人的。

有一次，他参加在中国人民大学举行的"我心目中永恒的北京"人文奥运主题展览。那次展览有关北京胡同的国画、油画、水彩、摄影等作品集中展示，他选了四幅铅笔画参展，得到的评价是：参展的作品中，这四幅铅笔画中的胡同才真正是老北京的感觉。这样的肯定对他来说比获奖还要欣慰。"有位北京朋友认为，北京胡同不管春夏秋冬，整体色调还是灰色为主，气质上也是平实的。如果用油画来表现，可以把胡同的门脸和对联画得鲜艳，但是北方风沙大，漆好的门脸很容易变得很对联一个人能左右的。""他这样分析，"我的铅笔画对联一个人能左右的。""他这样分析，"我的铅笔画北京市民的肯定，是因为风格淳朴，色调淡雅，我把老北京胡同，更是北京胡同的气质和风格。"

说及北京市民，沉晗的记忆中有着太多的感触。他第一次办宽线条铅笔画胡同主题展览时的观众，很多北京市民前来参观，有些上了年纪的观众，是流着泪看完的。也有一些年轻观众，听着长辈的讲述，好奇地一边看一边想像着这个城市的昨天，"他们常常跟我联系，打电话回馈我，这是对我的创作最大的鼓励"。

2007年5月，况晗终于在安定门外一处单元楼里拥有了自己的工作室，五十八平米的空间，四壁挂满他这些年潜心创作的以胡同作为主题的铅笔画，俨然一个小型的老北京胡同作品陈列馆，对他未完成的画作凝聚了十几年的心血，为更好保存这些画在铝笔画上喷涂了一层固定液。"铅笔画是最好保存的，不褪色不变形，今天看上去像最新的一样。像达·芬奇的一模一样我的这些画，今后一百年也一样，绝对没问题。"

"你来摸我的这些画，绝对没问题。"

每天下班以后，吃过晚饭，况晗就到工作室画画，累了泡杯茶抽根烟，独对画中的风景。

最初，况晗日跑到胡同里去实地带着绘画工具，千粮和水，一呆就是一天。

"有一天，我在后海的一条胡同里画画，胡同里的居民观念越未越开放，对外地来的写生者，他们不再陌生，甚至会当成朋友，他们也直接或间接地从我这里画画还能破费钱，随着推土机里画得不一样了，老百姓那会经济也不富裕，竟成了吸引外地游客之后的稀罕物，胡同里的拆迁改造力度越来越大，我能得到什么？"后来，况晗迅速改变了画面的行为，竟然很多好心存志愿，"现在我不再画胡同里的房子，他直接画成了胡同。当然他也会一些意识里有一些特别感。"

他现在很少坐在胡同里画画，倒不是业余时间少，而是一条一条的胡同消失了，是等不及在之前用来的画像存照，根本来不及推土机，拆过得更快，就只能到处去拍照片，我的创作大多是在之前，拆迁推土机快，我把铝笔已经跑不过推迁建设之快，回来以后慢慢画。"他不无落然地作为创作素材，

说，"我的很多画，画中的景物都很快消失了，比如烟袋斜街。"他摸集了厚厚十几册影集的素材照片（更多的照片分好装在多个盒子里），那里面的胡同，如今大多已荡然无存或者面目全非，为了日后创作起来从容，他会从不同角度拍同一条胡同，也会从不同季节和天气的一条胡同，很多条胡同也在画纸上重现，这些照片已具有珍贵的史料价值。

历经这些年，况晗的身价已由最初单纯的艺术家蜕变成了历史变迁的记录者。这种艺术并非简单还原，还经过艺术加工。"从胡同实物，到拍出照片，直到我画的胡同上，整体当然仍是写实，有摄影家朋友比较，因为摄影能看出具体门牌号，会让原来的画户一目了然。我画北京的是哪里，那都是美术评论家之后的事，至于这些铅笔画属于哪个派，有何艺术内在的事情，那都是美术评论家的事。他们评价有多高，也历史性有多高，也不及历史高于艺术。"

创作时画到的，人们会被我的画打动，这些画艺术性有多高，也不及历史的永恒。

这些年，况晗几乎把全部业余时间都用来画北京胡同，偶尔回江西老家，他也会画水彩画，但机会极少。他无意去辩论铅笔画与油画、水彩之间的色彩问题，只是认为，不能说铅笔画就没有色彩，国画也有明暗浓淡。"墨分五色"，铅笔画也有明暗浓淡。现在的城市画家，最缺乏的心态就是返璞归真，注重其淳朴性，如果人们

的心态能静下来，看了我的画也就会有共鸣，这也就达到我的艺术追求了。

每一条胡同背后，每一家住户的大门里，自己的故事，在写生、拍照和影像他们的铅笔画作品之外，也非常跟我叙述他们生活在胡同里的老故事也吸引了老太太，都愿意跟我叙述她们生活的老胡同里的故事，积累了不少代人的资料，我对此也很留心，这对我日后在这方面的创作和图片本书中，专门邀请我的朋友撰写的文章，更有历史信息，与他的铅笔画相呼应。

况晗特别记忆以及那一本书中，有一位潘先生，况晗写过很多关于老北京的文字部分。我们的合作等于是我的素材积累，经过他的加工，表达和思维方式进行加呼，与这些故事和图片相配。

况晗把这幅画命名为《东棉花胡同15号那个大门口的砖雕》的铅笔画作品，传神地再现了那位曾经精美的古雕，刘先生过过他，此后也曾参观过他的画展，获悉况晗联系，说起这个砖雕的命运，况晗当年建这处宅院的人是南方和海外留学归国的紫禁城之外的一些洋楼——原来，当年建这处宅院的人是留洋学生，归国后被慈禧重用，在故官担任职务，所以为保护紫禁城不被八国联军烧毁，带来为当这位宅主人是南方人，又留洋多年，这所宅子就明显借鉴了江南和西洋建筑的风格，就能反映出当时的主人的建筑审美，这也体现了人口的迁移、北京当时的民居建筑的包容性并不太大，由此，说老北京是中国民居建筑博物馆并不为过，这幅画的印刷品在潘家园的一家画店出售，还破他的后人注意到，到北京延街或去公园，所有休息日几乎都泡在胡同里画画、拍照。他对新闻媒体上关于胡同改造、拆迁

的新闻异常敏感，一有些类消息，根本不能立刻出现在当场，画下来，拍下来，妻子经常开玩笑说："找老公找谁都行，就是别找画画的。"但依旧给子他生活上，创作上最大的支持，并日越来越能理解他的追求。

除了利用闲眼跑北京各处的胡同，再用铅笔画下来，况晗几乎没有其他爱好。但他觉得自己的内心很自由，无欲则刚，"歌不会唱，麻将不会打，不想学也不敢学。足球比赛也不看，上大学还看点武侠小说，现在竟也不敢看了。抽烟或许多看看利也是为了画画提神。有时候就是要看，不看就没得看。"

最近，况晗保护胡同的新书（即《消失的胡同——铅笔画中的北京风貌》——编者注）即将出版。从他打出的清样中可以看出这依旧是一本宽线条铅笔画的北京胡同主题画册，但又不仅是画册，与画相配的文字，连同所画胡同今天的照片与其对比，构成引人唏嘘的人文魅力。这些照片还是他从去年5月份到今年1月，一张一张跑到胡同曾画过的胡同前址去拍的，"是个巨大的工程"。为了对比鲜明，他在拍照片的角度上特别注意和画面的视角一致，他无意置疑城市建设的正常开发展发展，但是对于发展的方式则有自己的见解。"有些地方，花了很多钱改造，但效果如何？看看我留的北京照片，他们也不反对城市改造，过很多胡同翻新，但对具体的改造细节不尽保留意见，有些改造他们也并不觉得好看。那些老老子的主人看到我的画，再看看他们现在的房子，眼泪就出来了。"

他的朋友在这份清样上写下了这样几句话：不但要保护胡同，还要保护这样的画法，这不仅是胡同，还是北京市井生活现场的速写。

况晗对人生中的种种偶然看得很淡。无论这偶然是得是失。"如果我头一次考大学就考取，就不会去电影学院画画，也就不会有那样的积累；如果我初来北京的时候不是去平房任住楼房，恐怕也就不会开始用铅笔画胡同了。这些年来，我经历的很多事情有戏剧性。"他自言人生追求中始终包含一份"野心"，并不只是求来世俗生活，"哪怕把我发配到一个海上孤岛去，也许我仍能另辟蹊径画出一方天地。其实，对什么事情都不用着急。"他强调，考虑问题不应只看到眼前利益，他之所以多年来专注于画北京胡同，是希望用这样的方式把一段北京的历史，一段这个城市的根留下。"国家发展得怎么快，不也还是需要记得这个城市发展的几百年历史，记得我们的根在哪里吗？"

如今况晗在出版社担任美编，周一到周五，每天工作八小时，一早一晚的时间在工作室画画，双休日继续跑出去拍照片搜集资料，一看电视里播到哪个胡同又要拆，就赶快跑过去，整天忙忙碌碌。算起来，他画过的胡同有五百多条，这包括两百多幅成型的作品和一些速写。他对自己继续画下去的标准如此肯定：

"要是每天画的感觉一样，那就不用画下去了。我跟我儿子说，我就是想看看铅笔画到底能够达到什么样的表现力度。"

他对铅笔画表现力的要求是画完了看着感觉舒服，"有些画别人喜欢，但我自己能看出问题，画面的人，手低一点不要紧，就怕眼低。如果手低，自己能感觉到很多缺点和可以提升的地方。画完后，自己是跟自己画法的。觉线条铅笔画所用铅笔和画纸之间的接触点越低，那就越麻烦了。"，觉线条越大，画面积越大，手上用力也就越大，费

力一些，但在创作过程中不仅对入画景物有取舍，对光影的表现也要加以提炼。他现在每年大约画十几幅成型的作品，自觉拿得出手的不过十幅，将近五十岁的况晗说，"再画二十年可能是吹牛，也怕再画十年吧，画铅笔画很费力儿的，太辛苦，老了就画不动了。"

据他了解，如今国内专门从事铅笔画创作的群体非常小，很多人只是把铅笔画作为其他画种的辅助，用未画速写。年轻一代专门画铅笔画的人更少，他们要么画国画、油画，有些又依赖电脑技术进行创作，对此，他觉得，"技术的进步对创作肯定是好事，但是如果过于仰赖技术，就是弊端。电脑永远是机器，是工具。有人觉得电脑也能画油画，我同意这个说法。每一笔电脑都是有情感蕴含其间的，而电脑是完全传递出人们的情感的。"他保存了一本美国画家西奥多·考次基的《宽线条铅笔》，书中的内容他临摹了不下四遍。近年来，他的坚持也逐渐获得回报，前几天有个画廊老板打电话来，说又有几幅他的作品被海外收藏家看中了。"我的画在海外反响还不错，有些买家只要看到我的画就会买，从不还价。现在有些国内收藏者也开始买我的画了。"

北京辛存的胡同相应递减，以至于他会慢慢地闲下要画的素材也相应递减，是否意味着况晗要画的胡同会越来越少，是否意味着况晗画照片起来？"当然不会，都能画到一百岁啦。这份胡同情结，在我心里还是抛不掉的。"他说，他会画到自己画不动了为止。

丁杨

本文发表于《读库 0801》
2008年1月

图书在版编目（CIP）数据

消失的胡同：铅笔画中的北京风貌 / 况晗绘；陆元编文. —北京：学苑出版社，2008.8（2016年10月重印）

（北京旧闻故影书系）

ISBN 978-7-5077-3099-9

Ⅰ. 消… Ⅱ. ①况… ②陆… Ⅲ. ①城市道路—史料—北京市 ②铅笔画—作品集—中国—现代 Ⅳ. K921 J224

中国版本图书馆CIP数据核字（2008）第092487号

责任编辑：陈俊，魏桦
装帧设计：北京艾博堂文化传播中心
出版发行：学苑出版社
社　　址：北京市丰台区南方庄二号院一号楼
邮政编码：100079
网　　址：www.book001.com
电子信箱：xueyuanpress@163.com
销售电话：010-67675512，67678944，67601101
经　　销：全国书店
印　　刷：河北省三河市灵山红旗印刷厂
开本尺寸：889×1194　1/16
印　　张：14.5
版　　次：2008年8月第1版
印　　次：2016年10月第5次印刷
定　　价：68.00元（平装）